物流服务供应链子网络对物流服务集成商成长作用机制研究

宋娟娟 著

Wuhan University Press
武汉大学出版社

图书在版编目（CIP）数据

物流服务供应链子网络对物流服务集成商成长作用机制研究/宋娟娟著．
—武汉：武汉大学出版社，2023.2
ISBN 978-7-307-23428-4

Ⅰ．物… Ⅱ．宋… Ⅲ．物流管理－服务网络－研究 Ⅳ．F252

中国版本图书馆CIP数据核字（2022）第211746号

责任编辑：周媛媛　冯红彩　责任校对：牟　丹　　版式设计：文豪设计

出版发行：**武汉大学出版社**　　（430072　武昌　珞珈山）

（电子邮箱：cbs22@whu.edu.cn 网址：www.wdp.com.cn）

印刷：三河市京兰印务有限公司

开本：710×1000　1/16　　印张：12.75　字数：189千字

版次：2023年2月第1版　　2023年2月第1次印刷

ISBN 978-7-307-23428-4　　定价：58.00元

前　　言

　　物流服务供应链（logistics service supply chain, LSSC）是为了提供完善的物流服务，由一个具有综合物流服务功能的物流服务集成商（logistics service integrator, LSI）为主导，由众多功能型LSI、物流分包商和物流需求方共同组成的网络结构。对于LSSC的研究在过去几年中取得了重要进展。但是，从LSI视角分析LSI所主导的LSSC网络是如何影响其成长的研究还不够完善。因此，本书的研究主要针对该领域进行，以完善LSSC网络结构和网络资源利用相关理论研究，为促进集成型物流服务企业的发展提供理论和实践启示。

　　从网络资源视角来看，LSI能够通过LSSC网络获取成长所需的资源，获取资源种类的不同，对LSI成长的影响也不尽相同。因此，为了更好地研究LSSC子网络对LSI成长的作用机制，需要对LSSC网络进行划分。对LSI而言，同一关系可以获取多种资源，这就意味着LSSC子网络间存在相互重叠和影响，因此需要对各子网络之间的关系进行分析。网络能力是企业识别外部网络机会，发展、维护与利用网络关系，以获取信息和资源的

1

动态能力。现有研究表明，网络能力受企业网络的影响，并且会影响企业的成长绩效。基于彭罗斯的"资源—能力—成长"理论框架，本书引入网络能力作为中介变量，建立"LSSC 子网络—网络能力—LSI 成长"理论框架，利用文献综述、企业访谈、问卷调查、统计分析和结构方程模型验证等规范的实证研究方法，对三者之间的关系进行理论分析与实证检验，进而明晰 LSSC 各子网络对其核心 LSI 成长的作用机制。

本书首先以企业网络化成长的相关理论为基础，对企业间网络、LSSC 网络及网络能力相关文献进行梳理，根据 LSI 从 LSSC 网络中获取网络资源种类的不同，提出 LSSC 子网络的划分方法，即将 LSSC 网络分为社会关系网络、市场信息网络、声誉网络、物流创新网络、物流协作网络，并在参考相关文献的基础上，从网络规模和稳定性等方面测量各子网络，得出 LSSC 子网络的测度量表；在此基础上进行探索性案例分析，选取 4 家 LSI 企业进行案例分析和多案例比较，对初步的理论预设进行验证，并得出有关 LSSC 子网络之间的关系，以及网络能力中介效应下 LSSC 子网络对 LSI 成长影响的初始命题，然后基于该初始命题和相关文献进行理论推理，得到 LSSC 子网络之间相互影响的理论模型以及"LSSC 子网络—网络能力—LSI 成长"的理论框架模型；最后利用 SPSS 22.0 和 AMOS 21.0 统计分析软件，对问卷调查收集的 502 家 LSI 企业的相关数据进行探索性因子分析及验证性因子分析，并建立结构方程模型进行实证检验，对 LSSC 子网络之间的关系进行验证，并对 LSSC 各子网络、网络能力和 LSI 成长间的关系进行检验，最终明确 LSSC 各子网络对 LSI 成长的影响机制。

通过研究，本书得出如下结论。

（1）LSSC 子网络之间的关系如下：社会关系网络会影响市场信息网

络和物流创新网络的发展；物流协作网络会影响市场信息网络、声誉网络、物流创新网络的发展；创新网络能够激励声誉网络的发展；声誉网络能够促进市场信息网络的发展；市场信息网络会受到社会关系网络、物流协作网络、声誉网络的发展的影响。

（2）LSSC 子网络对 LSI 成长的影响如下：社会网络对 LSI 成长绩效虽然没有直接的影响，但是会通过市场信息网络、物流创新网络对 LSI 成长产生间接影响；物流协作网络对 LSI 成长的影响会通过市场信息网络、声誉网络、物流创新网络进行传递；物流创新网络正向影响 LSI 成长绩效；声誉网络对 LSI 成长会产生负向影响；市场信息网络对 LSI 成长绩效产生正向影响。

（3）在加入网络能力作为中介变量后，社会关系网络、物流协作网络、物流创新网络、声誉网络均可通过网络能力影响 LSI 成长绩效。网络能力对 LSI 通过 LSSC 网络获取成长所需资源起着重要的中介作用。市场信息网络会对 LSI 成长直接产生正向影响，这表明市场信息网络对 LSI 成长起着重要作用。声誉会对 LSI 成长产生负面影响，但是由于"声誉网络→网络能力→LSI 成长"的影响为正向的，因此 LSI 企业可以通过网络能力对声誉网络产生的负面影响进行协调。

与目前国内外相关研究相比，本书的创新之处体现在以下几点。

（1）从网络资源视角对 LSSC 网络进行了定义，得出 LSSC 子网络类型的测量指标。借鉴企业间网络的分类方法，对 LSSC 子网络进行划分，并对各子网络内涵进行了修正和完善。设置测量指标，给出每种指标可操作性的计算方法，并通过实证方法进行了验证，为物流服务集成型企业了解自身通过 LSSC 网络获取资源情况提供了一定理论依据。

（2）对 LSSC 子网络间相互关系进行了探讨，并对各子网络对 LSI 成长的影响路径进行了实证验证。对 LSSC 子网络之间的关系进行了分析，提出 LSSC 子网络间关系及其对 LSI 成长的理论模型，探讨了各子网络之间的相互影响及其对 LSI 成长的共同作用机制，对 LSI 了解 LSSC 子网络间相互影响以及 LSSC 网络的整体结构有重要的意义。

（3）提出并验证了 LSSC 子网络通过网络能力影响 LSI 成长的作用机制。在文献推理和探索性案例分析的基础上得出 LSSC 子网络通过网络能力影响 LSI 成长绩效的理论假设模型，利用实证研究方法对该模型进行验证和修正，对实证结果进行了深入的讨论，并在此基础上得出 LSSC 子网络影响 LSI 成长的作用机制，并对 LSI 网络化成长提出建议及对策。

目　录
Contents

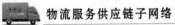

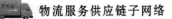

图　目　录

表 目 录

缩略语索引

缩略语	英文全称	中文全称
LSSC	logistics service supply chain	物流服务供应链
LSI	logistics service integrator	物流服务集成商
SPSS 22.0	IBM statistical program for social sciences 22.0	社会科学统计程序 22.0 版
AMOS 21.0	analysis of moment structures 21.0	结构方程模型 21.0 版
3PL	third-party logistics	第三方物流
4PL	fourth-party logistics	第四方物流

第一章 绪 论

本章在物流行业发展的实践背景和物流服务供应链（logistics service supply chain，LSSC）研究的理论背景下，引出本书的研究问题，进一步明确研究思路和研究方法；介绍了本书各章节内容的安排，提出了本书的创新点及研究意义，并对本书的研究工作进行了总体介绍。

第一节 研究背景

一、实践背景

（一）物流服务集成化是物流企业转型升级的有效途径

如图 1-1 所示，受全球经济形势影响，物流行业整体发展速度放缓，但也可以发现社会物流总额在持续增长[1]。虽然物流行业受经济下行影响发展渐缓，但企业物流外包比例持续升高，这是因为在降低物流成本、提升物流各环节效率的目标下，生产及商贸企业加快转型实现供应链一体化，将自身非核心业务外包。中国物流与采购联合会发布的统计数据表明，2015年企业外包物流成本占企业总物流成本的65.4%，同比上升0.1%[2]。

图1-1　2010—2021年社会物流总量及增长率

制造企业的物流外包为物流企业的转型升级带来新契机，物流服务创新成为物流企业转型升级的突破口。集成化物流服务、供应链一体化服务、供应商管理库存服务等物流服务模式[2]促进了新形势下企业自身物流服务能力的提升。这些提供集成化物流服务的企业被称为物流服务集成商（logistics service integrator，LSI），其通过对功能型物流企业进行资源整合，为物流服务需求方提供全面的一体化物流服务。

LSI通过对LSSC网络中的资源、技术及物流能力等进行配置、整合与优化，实现对物流服务的全面组织和协调。LSI直接与客户签订物流服务合同，帮助客户完成整套物流服务和定制化物流服务，并为全程物流服务负责。LSI通常是指具有物流专业化资本的企业，可以是提供信息支撑的物流系统集成商，也可以是整合各项物流服务、提供系统物流解决方案的物流企业，如第四方物流企业。

（二）网络化资源获取为物流服务集成商提供更多的成长动力

　　LSI 专注于核心物流服务，其优势是对 LSSC 网络中物流资源的整合和优化配置。因此，LSI 通常会将非核心业务外包给网络中的合作伙伴。这些合作伙伴有功能型物流服务提供商、物流服务分包商等，其与 LSI 通过物流合作形成 LSSC 网络，如图 1-2 所示。在 LSSC 网络中，LSI 通常被认为是核心企业，对整个供应链有相对的控制权。

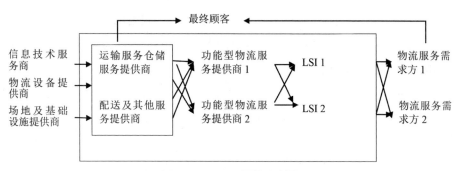

图 1-2　LSSC 网络示意图

　　如今，企业生存发展的环境发生了重大变化，客户需求日益多变，市场不确定性大大增强；同时，科技对物流服务提升的作用更加明显，人们对物流企业在技术方面的改进要求进一步提高。物流企业生存于这样的竞争环境中，对竞争的认识也逐渐发生了变化：企业间的竞争不再只是企业"个体"之间的竞争，还会受到合作伙伴、上下游物流企业运作的衔接、物流企业服务网络的完善程度等因素的影响。因此，企业间的竞争更形象地被描述为企业所在"网络"之间的竞争。在网络竞争模式下，任何企业都需要与不同组织和企业通过信息共享、风险共担、利益共享等形式进行合作，通过合作关系获取知识、信息和其他资源，吸收和利用这些外部资源，促进企业发展和成长。越来越多的企业通过外包、联盟等网络化合作形式，对外部资源进行吸收和整合，企业间网络已经成为企业获得竞争优势的重要来源，特别是对于 LSI 来说，通过 LSSC 网络获取资源的作用更加明显。

　　LSI 克服了单一的物流企业能力和资源有限的缺点，借助 LSSC 网络对成员企业资源和能力进行整合，让企业物流网络覆盖范围更广、物流服务领

域更全面，实现企业的迅速扩张，使 LSI 更具市场竞争力。因此，在 LSSC 网络中，从 LSI 视角研究 LSSC 网络中的资源如何对 LSI 成长产生作用机制，具有重大的现实指导意义。

二、理论背景

（一）企业成长基本理论框架

企业如何实现成长？长期以来，众多学者从不同角度对该问题进行了探索，形成了不同的企业成长理论学派，大致可以将其分为外生成长理论学派和内生成长理论学派。

外生成长理论学派认为，企业成长主要受到企业无法掌控的外部因素的影响，企业需要适应这些外部因素并利用这些因素促进企业成长[3]；内生成长理论学派认为，资源、能力、知识等企业内部因素才是决定企业成长的关键因素。

彭罗斯被公认为最早开创了内生成长理论，其建立的"资源—能力—成长"理论框架试图从企业内部探索企业成长的动力[4]。在彭罗斯的理论中，企业被视为一系列资源的组合，企业需要对框架内资源进行有效的管理和协调，如此才能促进企业成长。企业所拥有的独特力量（即服务或能力）是企业成长的根本动力，而这种独特力量是通过企业对自身所拥有的资源进行使用而产生的。因此，企业需要通过利用资源形成服务（能力），以促进企业成长。彭罗斯批判传统"规模经济论"单纯地从物质资源的角度来分析企业成长的过程。企业成长应该是企业对资源不断挖掘和利用的过程，是一个持续动态变化的经营管理过程。

彭罗斯之后的企业成长理论，逐渐形成了资源基础理论和能力基础理论两种发展脉络。

1. 资源基础理论

沃纳·菲尔特、巴尼等人在内生成长理论的基础上进一步发展形成了资源基础理论。该理论认为，企业拥有的一系列特殊资源或者对资源的特殊使用方式是形成企业战略优势的关键所在，企业只有突破现有资源利用与新资源开发之间的平衡才能实现企业的可持续成长[5]。企业如果想比竞争对手成长得更好或者以更低的成本实现成长，就需要掌握有价值的资源[6]。价值、稀缺性和难以模仿性是有价值的资源的三个特征[7]。资源动态性对企业成长的影响近年来引起了学者们的关注，并形成了动态资源论。该理论认为，企业持续成长的根本动力是企业资源的动态性和异质性[8]。

资源基础论立足于资源，认为企业是一组被限定在组织管理框架内的资源集合。资源的独特性能为企业带来持续的竞争优势，资源的稀缺性是企业盈利的根本动力。对资源进行有效的开发、配置和利用是企业成功的关键，并能提高企业收益。该理论认为，企业成长的动力是企业资源的独特性和稀缺性。

2. 能力基础理论

能力基础理论主要包括核心能力理论[9]、动态能力理论和知识基础理论。

核心能力理论将企业看作一系列能力的集合，而非资源的集合，企业的核心能力是组织中的积累性学识，通过一系列互补的知识和技能组成，是其他企业难以模仿、不可占用并具有路径依赖的能力，是企业区别于竞争对手而特有的企业成长的源泉。但是，该理论过分关注企业内部知识和技能，而忽视了外部环境变化对企业能力的影响，忽视了企业核心能力无法适应外部环境的困境。

1997 年，Teece 等[10]在核心能力理论的基础上提出了动态能力概念，并构建了动态能力框架。他将动态能力定义为"企业为适应环境的变化，对企业内外相关能力进行建立、整合以及重构的过程"。该理论强调企业需要具备应对环境不确定性的能力，以及建立、整合和重构企业组织内外部相关资源和技术的能力。

知识基础理论认为，知识是企业的基本资源，是其他企业无法交易和模仿的，可以被视为企业独有的资源和能力，能够为企业带来竞争优势并成为企业成长的源泉。

虽然资源基础理论与能力基础理论研究侧重点不同，但是它们都以彭罗斯的"资源—能力—成长"这一基本分析框架为前提。换言之，企业成长的过程中，资源与能力不可分割，能力是企业对资源进行开发、利用和整合的方式，资源是企业施展能力的对象[11]，因此在讨论企业成长动力时必须将二者结合起来。

（二）社会网络理论对资源观的拓展

传统的资源观将企业异质性资源视为企业内部特有的资源。但是在全球化和网络化环境中，网络也逐渐成为企业获取异质性资源的途径。近十几年来，传统的资源观理论随着企业网络理论迅速发展，其内涵也不断延伸和发展。企业资源不仅来源于企业所占有的内部资源，也包括企业通过各种联结获得的关键性资源。这些外部关系资源能够形成关系租金，并为企业带来竞争优势[12,13]。

企业网络研究企业外部各种网络关系的相互作用。企业网络研究试图解决两个主要问题，即"企业网络存在的原因是什么"和"企业网络如何影响企业及其影响路径是什么"。企业网络属于社会网络中的一种类型，因此利用社会网络理论及方法分析企业网络有着严格的依据。社会网络理论与资源理论结合后，逐渐形成了网络资源理论、社会资本理论等，这些理论进一步拓宽了企业网络研究的视角。

1. 网络资源理论

1981年，Lin等[14]在Granovetter的弱关系优势基础上进行改进，提出了社会资源理论。他们将Granovetter所提出的弱关系的作用从信息沟通扩展为交换、获取和使用资源，即弱关系能够帮助个体获得优质的社会资源。该理论认为，资源不仅包括个人所占有的资源，即个人资源；也包括通过社会关系网络获取的资源，即社会资源，个体需要通过直接或间接的社会关系来获取权力、财富、地位等嵌入在社会网络当中的资源。

社会资源理论突破了资源被占有才能被使用的传统资源基础观，阐释了行动者如何从资源视角利用社会关系网络获得资源、更高的收入和社会地位，强调了弱关系能帮助个人和组织获取更多的社会资源，因此比强关系更重要，也充分说明了"弱关系"的本质。此后，学者们从不同角度对社会资源理论进行了探索和发展。

Gulati[15]将研究重点转向企业对社会资源的利用，最早提出"网络资源"的概念。学者们开始关注企业如何通过网络环境下的合作获得资源，将网络资源作为组织间网络研究以及企业间合作研究的重点，超越了传统资源基础观对企业资源的定义，拓展了企业竞争优势的来源和企业可利用资源的多样化。

2. 社会资本理论

Hanifan 最先提出"社会资本"概念，而后法国社会学家 Bourdieu 将该概念应用到社会学领域。1985 年，Bourdieu[16]在社会网络的基础上引入社会资本概念。他认为在公认的、制度化和熟悉的社会关系网络中，对网络某种持久的占有意味着个人所拥有的资源，这些实际或潜在占有资源总和就是"社会资本"。对于个体所占有社会资本数量的衡量，是由其所在社会网络的两方面属性来决定的：第一，该网络的规模，即社会网络中成员数量的多少；第二，个体成员所拥有的不同类型资本的数量。由于资本具有较高的自我增值能力，因此如果能够充分有效地利用自身所拥有的资本，就会为其带来较高的收益。

Coleman 对社会资本的概念进行了进一步的深化和发展。他认为个体需要加入网络获得网络成员资格并与其他成员保持联系，如此才能获得社会结构性资源，个体所拥有的社会结构资源形式的资产就是社会资本。并且，他提出社会资本主要包括加入多功能社会组织、关系期望与义务、关系网络规范与惩罚、信息网络、声誉关系等五种形式[17]。帕特南[18]认为规范、网络和信任等都可以被看作社会资本，它们是任何社会组织都具有的基本特征，能够通过合作等形式使社会效率得到提高，并能够使人力和物流资本的投资回报率显著提高。Coleman 认为，社会资本的多寡主要取决于个体从社会网络结构中获得的资源，而资源又取决于个体所处社会网络的规模大小及其在该网络中的异质性。换言之，社会资本体现了个体或组织在其所处社会网络中的嵌入性及其从网络中获取资源的能力。Adler[19] 认为，个人或组织的关系网络中所蕴含的资源就是社会资本。Lin 等 [14] 认为，个体或组织通过行动对嵌入在社会网络中的资源进行获取和使用，这些被获取和使用的资源被称为社会资本。

虽然学者们从各自的角度对社会资本有着不同的理解，但有关社会资本的内涵、作用和影响基本一致或者相互补充。例如，他们均一致认为与一般的人力、物质资源等相比，社会资本最显著的特点在于它蕴藏在个人或组织所处的关系网络中，所有嵌入社会网络中的资源之和就是社会资本。同其他资本类似，社会资本也能产生价值，但是需要行动者通过获取才能实现。

（三）网络观对动态能力理论的拓展

事实上，学者们都注意到企业间网络会对企业动态能力产生不可忽视的影响，从网络化视角对动态能力理论的研究领域进行了深化和拓展。动态能力既受企业层面因素的影响，也受个人及企业间关系网络层面的影响[20,21]。动态能力对企业所拥有资源的组织和处理过程不仅局限于企业内部，也包括企业通过与其他组织进行合作而使自身的能力得到扩展 [22]。由此可见，企业间网络与企业动态能力密不可分。

因此，有学者将网络能力总结为企业为了获取、利用和整合网络资源而与网络中其他个体或组织间建立战略关系，并使自身能力得到提升的一种动态能力 [23]。方刚 [24] 认为，网络中的企业为提高网络绩效和获得竞争优势，对网络中其他企业的资源进行集聚、整合、配置和协同的能力就是网络能力。

在基于资源和能力的企业成长理论及社会网络理论对资源观和基础观研究领域进行拓展的背景下，本书思考 LSI 如何从 LSSC 网络中获取资源实现成长，LSSC 各子网络不同类型资源对 LSI 成长的作用区别以及它们之间的相互关系，并深入分析网络能力中介作用下的 LSSC 子网络对 LSI 成长的影响。

第二节　研究问题的提出

一、现有研究不足

（1）现有研究大多针对初创阶段企业成长进行研究，而较少关注已经具备一定规模的成长期或成熟期企业的成长问题。彭罗斯在《企业成长理论》一书中曾提到，随着企业规模的不断增大，企业成长速度会发生变化，企业成长会受到企业规模、管理能力以及企业外部环境变化的影响。因此，研究具备一定规模的 LSI 成长的动力机制，是对现有企业成长理论的有益补充。

（2）现有研究的理论角度往往忽视了资源与能力之间的统一性，仅片面地从资源视角或能力视角分析企业成长的动力，偏离了企业成长的本源。本书严格按照彭罗斯"资源—能力—成长"的基本理论框架，研究 LSSC 子网络—网络能力—LSI 成长，为企业提供更全面的指导和建议。

（3）目前有关企业成长的研究，主要是确定和描述影响企业成长的主要因素，而对影响因素之间的相互关系、因素之间的影响较少涉及；对"资源"或"能力"在成长过程中如何发挥其具体作用机制的研究仍停留于理念分析的层面，未进行深入的探讨。因此，企业成长目前仍然是一个具有很强"黑箱"性质的问题，学界对其内在成长规律的认识还是严重不足。

二、拟解决的关键问题

本书以社会网络理论、资源基础理论和网络能力理论等相关理论为依据（图 1-3），确定 LSSC 子网络类型，提炼并形成 LSSC 子网络的测量模型，在此基础上，探讨 LSSC 子网络间相互影响，以及 LSSC 子网络如何在网络能力的中介效应下对 LSI 成长产生影响。具体而言，主要包括以下三个子问题。

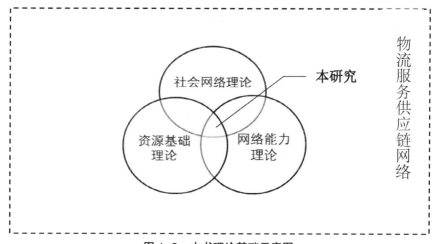

图1-3　本书理论基础示意图

（1）如何从社会网络视角定义 LSSC 网络？根据企业获取资源种类的不同，如何划分 LSSC 子网络的类型？

在 LSSC 的研究中，企业之间的关系是物流企业协作质量以及物流服务整体绩效非常重要的因素之一。但是，现有研究还没有从企业之间的关系视角对 LSSC 网络进行研究，因此本书从社会网络视角将 LSSC 网络看作物流企业间通过相互联系而形成的关系网络，根据 LSI 从 LSSC 网络中获取资源种类的不同，对 LSSC 网络进行划分，以便于下文分析各种子网络资源如何促进 LSI 成长。

（2）LSSC 子网络的相互关系是什么？子网络间如何相互影响？

在建立了稳定的企业间关系之后，通过同一关系 LSI 可以获取多种资源。例如，LSI 与某家功能型物流企业建立联系后，既可以获得市场信息资源，也可以获得协作资源，造成不同类型子网络之间相互重叠。正如 Lechner 和 Dowling[25] 所说，不同类型的企业子网络会发生重叠，并且某些网络需要其他网络来促进关系发展。因此，有必要对各子网络之间的相互关系及影响进行梳理，以便更好地认识 LSSC 网络的结构，并有利于对 LSSC 子网络影响 LSI 成长的作用机制有更清晰的认识。

（3）LSSC 子网络、网络能力对 LSI 成长的作用机制是什么？

根据彭罗斯的"资源—能力—成长"理论框架，本书了解到必须将资源与能力同时纳入研究才能全面地了解企业成长的过程。因此，本书选择网络能力作为 LSI 从 LSSC 网络中获取资源的手段，利用实证方法，首先结合探索性案例分析与理论推导，提出 LSSC 通过网络能力促进 LSI 成长的理论假设，建立结构方程模型，通过问卷调查和统计分析等对理论假设进行验证。

第三节　研究对象与关键概念界定

本书将我国的物流服务集成型企业作为研究对象，称其为 LSI。LSI 是 LSSC 的核心企业，对整个供应链起主导作用[26]。LSI 为用户提供物流服务是面向整个流程的，能够对网络成员企业的物流能力要素进行协调配置，对外界资源优化和企业间关系协作的经验比其他网络成员企业更丰富，其核心竞争力是其他网络成员所无法比拟的。因而，LSI 能够鼓励 LSSC 成员企业将关键资源共享，使整体物流服务能力得到提高[27]。对 LSI 成长的界定主要是从 LSI 在销售收入、净利润和雇员人数三方面绩效指标的增长情况来衡量的。

本书中的网络，是从社会网络视角，将 LSSC 网络看作由物流需求方拉动，以 LSI 为主导，物流服务分包商与物流服务提供商与 LSI 相互协作，为共同完成物流服务而建立合作关系所形成的网络。

本书中的五种 LSSC 子网络，是根据企业从 LSSC 网络中获取资源种类的不同，参考 Lechner 对企业间网络的划分，将 LSSC 子网络划分为社会关系网络、市场信息网络、声誉网络、物流创新网络与物流协作网络。

本书中的网络能力沿用任胜钢[138]对网络能力的界定，指 LSI 对企业所处网络进行构建、管理来获取网络资源的能力，包括网络愿景、网络构建、网络管理、网络组合等要素。

第四节　研究思路与方法

一、研究思路

从当前物流企业转型升级的现实需求为出发点，本研究以提升 LSI 成长绩效为导向，剖析了 LSSC 网络中蕴含的资源子网络类型以及各子网络的相互影响，然后分析了在网络能力中介效应下 LSSC 子网络如何影响 LSI 成长。本书技术路线如图 1-4 所示，具体包括以下四个子研究。

首先从企业竞争网络化、物流企业转型升级等物流行业发展的需求出发，针对物流企业的服务集成和网络资源获取，引出本书的研究问题；然后对 LSSC 子网络、网络能力及企业成长等相关文献进行梳理，形成本书的理论基础。在此基础上，本书展开了如下四个子研究。

子研究一：首先根据社会网络理论、资源基础理论等对 LSSC 子网络进行划分，然后在此基础上提出 LSSC 子网络的测量维度和指标，利用实证分析方法通过发放问卷数据统计和分析等确定最终的测度量表。

子研究二：利用探索性案例研究方法，首先在相关理论基础上提出理论预设，然后选择四家典型物流服务集成企业，对企业有关 LSSC 子网络发展情况、网络能力和成长绩效等方面的内容进行案例内分析和案例间对比，在此基础上提出本书初始研究假设。

子研究三：在子研究一和子研究二的基础上，对 LSSC 子网络之间的相互关系及其对 LSI 成长的影响进行理论论证及假设，并通过对四家企业进行探索性案例分析，证实了理论假设的合理性，并初步形成 LSSC 子网络间相互关系及其对 LSI 成长的理论框架，并通过大样本问卷调查，对相关数据利用结构方程模型进行验证，得出 LSSC 子网络内部的相互关系及其对 LSI 成长影响的具体路径。

子研究四：在彭罗斯企业成长基本框架的基础上，加入网络能力作为中介变量，在文献及探索性案例分析的基础上，提出 LSSC 子网络通过网络能力影响 LSI 成长的理论模型，并通过问卷调查及实证方法对相关数据分析，得出 LSSC 通过网络能力影响 LSI 成长的作用机制。

　　在本书最后，对本研究主要结论进行总结，探讨了本研究对相关领域理论的贡献，以及对企业通过网络化资源实现成长提供实践启示，探讨了本书存在的局限性，并就未来研究方向进行展望。

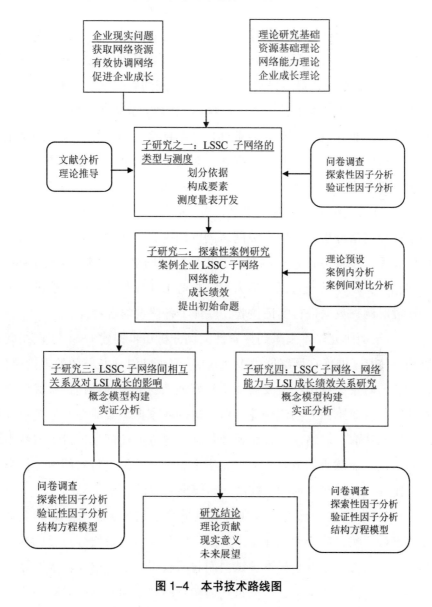

图1-4　本书技术路线图

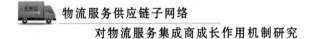

二、研究方法

本书在物流企业网络化成长的背景下，将文献研究与实证研究相结合，运用企业成长理论、网络资源理论等，对 LSSC 子网络对 LSI 成长的影响进行分析。基本研究思路如下：首先对相关领域文献及理论进行回顾，然后通过探索性案例分析提出初始假设，并在此基础上进一步理论推理，提出假设和理论模型，设计量表进行问卷调查，对数据进行统计分析，并对假设命题进行实证验证，最后得出研究结论。应用的研究方法具体如下：

（1）文献研究。本书首先系统地收集、整理和分析了企业间关系网络、LSSC 子网络、网络能力理论及企业间网络与网络能力等相关领域的文献，了解了本研究的理论基础及研究现状，明确了本研究的关键问题、主要变量以及研究方法，并明确了本书的基本研究思路。

（2）社会网络分析方法。本书针对 LSSC 各子网络的测量指标的选择采用了社会网络分析方法中有关网络测度的内容，从网络规模、网络结构和网络关系强度等方面进行测量，并借鉴社会网络分析的方法对 LSSC 子网络间相互关系及其通过网络能力对其核心 LSI 成长绩效的影响进行了研究，通过对调查数据进行实证检验，验证了各假设的合理性。

（3）案例研究。本书采用探索性案例分析初步构建 LSSC 子网络间相互影响、LSSC 子网络在网络能力中介效应下影响 LSI 成长绩效的理论模型。选择的调研对象为我国物流发展情况较好地区的一些能够提供集成型物流服务的第三方或第四方物流企业。对所选的四家典型集成型物流企业针对网络化资源获取、网络能力及企业成长绩效等方面的问题进行探索性半结构化的访谈。在调研结束收集数据完毕之后，对数据进行案例内分析和案例间对比分析，并在此基础上提出初始模型和假设。

（4）问卷调查。首先借鉴现有成熟量表，并在文献阅读基础上对问卷题目进行调整，请企业家或学术专家对问卷题目进行修订，形成本研究的初步调查问卷，进行小样本预试。问卷回收后，通过信度及效度分析对问卷测量题目进一步调整，形成正式的调查问卷。问卷发放对象仍然为具备集成物流服务能力的第三方或第四方物流企业。正式问卷的发放主要通过四种渠道进行：①上海交通大学和上海海事大学物流、航运 MBA、EMBA 企业学员填写并委托他们代为发放；②在物流企业进行调研的过程中发放；③在"集装箱多式联运亚洲展""亚洲物流双年展"的展会现场邀请参展企业填写问卷；④向个人与科研团队社会关系网络中的物流企业人员进行问卷调研。

（5）统计分析。回收并整理调查问卷，剔除无效问卷，采用统计分析软件 SPSS 22.0 和 AMOS 21.0 对回收数据进行信度和效度检验。首先对数据进行相关性分析、信度和效度分析，然后对结合探索性案例分析和理论推理得出的理论假设进行检验，采用结构方程模型方法对各变量之间的关系进行验证，并根据分析结果对模型进行修正，得到最终的 LSSC 子网络对 LSI 成长的作用机制及路径。

第五节　研究内容

基于以上研究思路和研究方法，本书共分为七章，具体结构及内容如下：

第一章为绪论。本章通过对物流企业发展的实践背景及企业成长、社会网络对资源和能力理论的拓展和深化了解理论背景，指出现有研究的不足，并提出本书拟解决的关键问题，对本书的研究对象和关键概念进行解释，提出本书的研究思路和运用的主要方法，介绍研究内容以及主要的理论创新。

第二章为文献综述。本章通过对企业间关系网络、LSSC 网络、网络能力理论等方面的文献进行梳理，了解当前该领域研究的现状和不足，发现该领域未来的研究方向和可以进一步深入的研究问题，为本书后续理论假设提供了理论基础，为下文研究的开展提供了理论背景。

第三章为 LSSC 子网络划分及测度研究。本章在前人研究的基础上，针对研究对象的特点，提出适合本研究的 LSSC 子网络类型、维度划分、维度测量指标，清晰界定了本书的研究变量，并进行了实证分析和验证。具体来说，第一节从网络资源视角对 LSSC 网络的内涵进行定义；第二节根据网络资源类型的不同并结合相关文献引证推理，将 LSSC 网络划分为社会关系网络、市场信息网络、声誉网络、物流创新网络和物流协作网络；第三节是对研究方法的介绍，包括问卷设计的基本步骤，LSSC 子网络的测量维度和测量题目的确定，调查样本的确定和数据的收集，以及数据分析工具及方法的选择；第四节是对问卷收集的数据进行描述性统计分析、探索性因子分析、信度检验、相关性分析和验证性因子分析。

第四章为 LSSC 子网络对 LSI 绩效影响的探索性案例研究。本章介绍了案例研究的步骤，严格按照该流程，提出理论预设，选择四家典型物流集成型企业作为访谈对象，首先介绍了案例企业的基本情况，然后通过案例内分析，了解这四家企业在 LSSC 子网络、网络能力、企业成长绩效等方面的情况；根据理论假设的需要，对这四家企业进行多案例间比较分析，最终得出 LSSC 子网络间相互关系、LSSC 子网络与成长绩效、LSSC 子网络与网络能力、网络能力与 LSI 成长绩效的初始假设命题，确定本书的初始概念模型。

第五章为 LSSC 子网络间相互关系及其对 LSI 成长绩效影响研究。本章对各子网络间的相互影响及其对 LSI 成长的共同作用进行了理论假设，并进行了实证分析和验证。对 LSSC 子网络类型及其相互关系有了更清晰的认识，有助于研究的开展。具体研究过程与第三章类似。

第六章为以网络能力为中介的 LSSC 子网络对 LSI 成长绩效影响研究。基于第四章的探索性案例分析和第三章对 LSSC 子网络概念的定义与测度，本章通过对 LSSC 各子网络与网络能力、网络能力与 LSI 成长绩效相关文献的推理，提出本章的研究假设，建立 LSSC 子网络通过网络能力影响 LSI 成长绩效的初始概念模型，并进行实证研究设计与统计分析，具体研究过程与第三章、第五章类似。

第七章为研究结论与展望。本章对本书主要的研究结论进行总结，对本研究在 LSSC 领域的理论贡献进行了阐述，对物流企业获取网络化资源促进企业成长提供了一些实践启示，同时对本研究存在的局限性和不足进行探讨，并对后续研究方向进行展望，以期进一步完善 LSSC 网络的相关研究。

第六节 主要创新点

本书的创新之处体现在以下几点：

（1）从网络资源视角对 LSSC 网络进行了定义，得出 LSSC 子网络类型的测量指标。在借鉴已有研究成果的基础上，将企业间网络的分类应用于 LSSC 网络，并结合 LSSC 网络的特点，对 LSSC 子网络内涵进行了修正和完善。设置测量指标，给出每种指标可操作性的计算方法，并通过实证方法进行了验证，为物流服务集成型企业了解自身通过 LSSC 网络获取资源情况提供了一定理论依据。

（2）对 LSSC 子网络间相互关系进行了探讨，并对各子网络对 LSI 成长的影响路径进行了实证验证。对 LSSC 子网络之间的关系进行了分析，探讨了各子网络之间的相互影响及其对 LSI 成长的共同作用机制。为 LSI 了解 LSSC 子网络间相互影响以及 LSSC 网络的整体结构有重要的意义。

（3）提出并验证了 LSSC 子网络通过网络能力影响 LSI 成长的作用机制。在文献推理和探索性案例分析的基础上得出 LSSC 子网络通过网络能力影响 LSI 成长绩效的理论假设模型，利用实证研究方法对该模型进行验证和修正，对实证结果进行了深入的讨论，并在此基础上得出 LSSC 子网络影响 LSI 成长的作用机制，并对 LSI 网络化成长提出建议及对策。

本章小结

　　本章从实践和理论两方面对研究 LSSC 子网络促进 LSI 成长的背景进行阐述，在指出现有研究不足的情况下，提出本书拟解决的问题，并对本研究的主要研究对象和关键概念进行了定义，阐明了本书的研究思路和主要研究方法，介绍了本书的主要创新点，为后续章节的展开打下了坚实的基础。

第二章　文献综述

本章将对企业间关系网络、LSSC 网络及网络能力等相关领域文献研究进行回顾和讨论，并在文献回顾的基础上找到本研究的理论切入点。首先，对企业间关系网络的研究及最新进展进行梳理，了解通过企业间关系网络能够为企业带来社会关系、市场信息、声誉、创新、协作等方面发展情况的文献综述；其次，对物流服务供应链网络相关理论进行论述，了解有关物流服务供应链网络结构及特点、网络节点以及网络划分等最新的研究情况；最后，通过本书选取的网络能力的构成以及企业间网络与网络能力间关系等相关文献，对企业从网络中获取资源的能力（网络能力）进行综述，为本书的研究提供理论支撑。

第一节　企业间关系网络研究

通过第一章的理论背景介绍可知，随着社会网络理论引入资源基础理论，企业获取资源的途径不再局限于企业内部，组织间网络成为企业获取资源的重要途径，个人或组织间关系被看作从关系另一方获取多种资源的媒介。

然而，在同一关系中存在不同类型的资源交流，这在网络中被称为关系的多重性。例如，创业活动或家族企业中的家庭成员间关系就被描述为多重性关系，因为它们既包含情感支持，也是获取资源的途径（如建议和劳动力）。Anderson 等[28]对亲属关系的研究表明，多重关系可能是有利的，因为它们提供了获取资源的及时性和低成本。Johannisson 等[29]认为，对网络的依赖并不局限于创业阶段。企业家继续依靠网络获取商业信息、建议和解决问题，同一些联系人获取多种资源。Brown 和 Butler[30]认为，与经销商、供应商、竞争对手或客户组织之间的关系可能是重要的获取信息和技术的渠道。Human 和 Provan[31]对两家制造企业网络的横向案例研究表明，网络中企业的关系比没有参与网络的企业要更具多重性（包括友情、信息和商业交换）。Newbert 和 Tornikoski[32]指出，有更多的多重关系可确保企业有效整合资源，因为信任和信心更容易支撑这种关系。Rindova 等[33]指出，不同类型的外部和内部资源共同促进了企业的持续增长。

然而，多重性关系也可能成为限制和冲突的源头，因为业务需求可能会与社会义务和期望背道而驰。因此，接触更多的利益可能会不利于企业家将经济关系与社会关系重叠[34]。在家族企业，不同的角色期望可能会阻碍有效协作（如父子关系阻碍领导雇员关系）[35]。当企业家从相同的现有联系人寻求多重资源，但是他们提供的支持不适合企业的需求时，也可能会限制企业的成长[36]。

综上所述，由于企业间关系网络中具有多种资源重叠的特性，为了对关系网络中蕴含的资源有更深入的了解，本节将按照获取资源的不同对企业间关系子网络分别进行综述，主要包括社会关系网络、市场信息网络、声誉网络、创新网络及协作网络的研究情况。

一、社会关系网络研究

社会关系网络被看作企业进入网络化经济市场的入场券，对社会关系网络的研究多针对创业阶段的企业。

许多企业最初的业务是基于企业家已有的社会关系而开始的，如与之前的雇主建立联系。因此，社会关系网络是指企业家或企业高层管理人员个人的社会关系网络。通过社会关系网络可以获得企业发展所需资源。Ozdemir 等[37]的研究认为，企业家在管理个人网络时有两个目标，即寻找有价值的资源和促进资源获取。他们的研究结果表明，企业家可以通过关系嵌入和结构嵌入两种方式共同形成网络关系来更好地平衡这两个目标。关系嵌入可以获得更稳固的关系和更多的资源，但是当企业对关系的投入有限时，也可以选择结构嵌入，最终构成的企业家个人网络是一个具备两种网络特征的混合结构。

社会关系网络可以帮助企业在信任基础上形成商业关系，这种信任通过其他方式很难获得。社会关系网络使商业关系包含更多感情因素，促使企业家分享喜好、担忧和义务等情感内容，进而影响关系互动的频率和质量。社会关系网络会为企业家冒险行为提供感情支持[38]，这反过来被认为可以提高经营业务的稳定性[39]。许多研究已经证实了社会关系网络对企业创立阶段的重要作用[40,41,25]。

有研究表明，个人或企业间关系也会促进相关过渡过程的开始，如开展新业务或者成为创业者。Hoang 和 Gimeno[42]有关职业转型和企业转型的文献指出，社会关系会加强当前的工作角色认同，可以使之更有挑战性地过渡到创业阶段。该视角将网络看作"棱镜"，通过解释人们期望中的角色，使之适应新环境。与新联系人的网络关系会增强新兴身份，并因此可能在成为企业家或创始人的过程中发挥关键作用。Nicolaou 和 Birley[43]认为，牢固和紧密的大学外部网络关系会增加学者角色转变的可能性，开始创建公司。Flammer 和 Kacperczyk[44]的利益获取角色模型发现，那些有经验的开展自身业务的创业者也得到了大学同学或同事关系的帮助。Klyver 等[45]利用在 20 个欧洲国家收集的数据得出的结论是：某人的社会关系网络中有企业家会增加他成为企业家的可能性，尽管这个效应在各国有所不同。

De Clercq 等[46]认为，社会关系网络对新兴经济体的作用比发达经济体的作用更大，该观点也得到了 Danis 等[47]的验证。此外，在新兴经济体中，有着更强监管和规范、机构负担较高的国家，协会与新业务活动之间的关系更强，而这种效应在发达经济体中都不存在。

很少有研究检验关系如何阻碍创业活动，但 Kreiser 等 [48] 的研究提到了相关内容。

二、市场信息网络研究

网络的另一个关键好处是能够提供信息和建议 [49]。在网络经济时代，市场在实时市场信息系统、企业间整合、冲突解决、技术预测、风险和投资分析、网络经济和社会行为协调等方面发挥着越来越重要的作用。

企业可以通过新产品联盟的形式获取信息和利用信息 [50]。与垂直联盟相比，水平联盟有更少的关系嵌入和更多的知识冗余。通过嵌入联盟可以增强企业的信息获取和利用，冗余会减少信息获取，但是会增强信息利用。Etgar [51] 介绍了共同制造（co-production）、定制及共同开发产品的五个过程，并指明了在这五个过程中顾客可以在哪里参与合作产品开发。Swaminathan 和 Moorman [52] 检验了企业联盟网络，并说明了新市场联盟开始是否影响网络价值创造。他们调查了网络中心性、网络密度、网络有效性、网络声誉、市场联盟能力是否影响企业价值创新。结果表明，市场联盟公告时期就会为企业创造价值（如股票的异常报酬）；网络效率和网络密度在比较稳定时会产生积极的影响；网络声誉和网络中心性没有影响。这个结果说明关系网络特征比规模或者地位更有利。此外，市场联盟能力反映了企业管理市场联盟网络的能力，也对价值创造有积极影响。对于市场能力，Day [53] 认为企业需要具备三种适应能力：①提高市场洞察力与预警系统来预测市场变化和未满足的需求；②适应市场实践，从实践中不断学习；③开放市场，打造与新媒体和社交网络的前沿技术的关系并调动现有合作伙伴的技能。

有关市场对企业的作用 [54] 提出了关系营销的概念，探讨了关系营销与小企业尤其是创业企业之间的关系。研究结果表明很难区分关系营销和创业行为，这说明关系营销对创业企业具有重要作用。Webster 等（2004）[55] 对大型制造企业组织和市场活动管理进行调查后发现，与 20 世纪 90 年代相比，许多企业在市场"失去一席之地"是由于市场营销支出减少和市场营销活动分散，但同时营销在另一些公司企业战略中继续发挥影响力作用，并提出一系列可能影响企业市场活动的建议。Jüttner 等（2007）[56] 提出了需求链管理的概念，即需求链管理包括管理需求与供应过程的整合、管理整合过程和客户部分的结构、管理市场和供应链管理之间的关系，并将市场与供应链管理进行整合，基于深入了解和管理市场来有效地满足不同客户的需求。

关系网络也意味着获得资本（包括天使投资和风险投资）的可能。例如，与风险投资者和专业服务组织的关系，就是一种创业企业获得关键才能和市场信息的方式。许多最近的研究发现，创业企业形成并利用社会关系获得创意收集信息并发现创业机会[57,58]。国际化的信息和资源可以通过网络中有知识的成员获得，从而扩大企业自身的经验[59,60]。

三、声誉网络研究

有关企业声誉，目前还没有被广泛认可的定义。本小节汇总了近年来有关企业声誉的定义，如表 2-1 所示。

表 2-1 企业声誉的定义汇总

学者	定义
Fombrun	对企业过去行为和未来前景的感性表述，描述企业与其他竞争对手相比更具有吸引力的关键因素
Fombrun 和 van Riel	企业声誉是对企业过去行为和结果的综合表述，描述了企业对众多利益相关者的价值实现的能力，评估了企业在竞争和制度环境下在内部员工和外部利益相关者中的相对对位
Cable 和 Graham	公众对企业的、相对于其他公司的情感评价
Bromley	在利益相关者或利益集团中有关个人或其他实体意见的分布（集体形象的明显表达式）
Mahon	采用了 Webster 的定义：推算、评估的意思，从拉丁文 reputatus 的含义得来。评估是指对他人、事件、行为好坏的评价

续表

学者	定义
Whetten 和 Mackey	组织声誉是一种特殊的反馈机制，来自利益相关者有关组织可信度的声明
Rindovat 等	利益相关者对一个组织相对竞争对手的价值创造能力的认知
Rhee 和 Haunschild	顾客对生产者质量进行感知而得出的主观评价
Carter	各利益相关者对企业关键特性的归纳
Barnett 等	观察者基于企业过去金融、社会和环境影响的评估而对企业做出的集体判断

通过对上述声誉定义的比较，可以发现他们都强调了利益相关者通过与其他竞争者比较，对企业过去或未来行为的总体评价，Fombrun[61]对声誉的定义是被文献引用得最多的，因此本书仍采用该定义，即"声誉是对企业过去行为和未来前景的感性表述，描述企业与其他竞争对手相比更具有吸引力的关键因素"。

企业间关系会影响声誉发展，企业一旦与网络成员之间形成了稳定和持久的关系，企业就会得到其他企业的赏识和认可，声誉提高，进而获得更多的合作机会[62]。Xie 和 Haugland[63]从关系视角研究声誉，调查了个人和企业间关系特征如何影响顾客对供应商声誉的判断。研究结果表明，关系在声誉形成中起到重要作用，而声誉对发展企业间信任也起到重要作用。关系也可以带来声誉或者其他信号[64-66]。在不确定和动态情况下创业活动发生时，资源所有者（潜在投资人或者员工）可能会寻求有助于衡量一家企业潜在能力的信息。企业家寻求如何减少风险的可能性，通过与德高望重的个人和组织进行联系或获得其明确保证。企业与杰出战略联盟伙伴之间的关系意味着更快的增长，这种增长一般是通过公司增长速度、社会性及 IPO 价值评估进行测量的。Gulati 和 Higgins[67]发现关系有效性的不同取决于市场情况：对年轻的生物技术公司来说，在投资者对新产品兴趣较低的市场情况下，与著名风险投资公司的关系对它的发展更有利；当新产品在市场上较热门时，与著名承销商的关系会对 IPO 的成功有更大的影响。这些不同的效果表明，潜在投资者或战略合作伙伴在投资时会考虑不断变化的情况。此外，与不同领域知名组织保持关系并没有带来益处，反而会带来副作用。Ozmel 等[68]发现，与知名风投企业和战略合作伙伴都保持关系会对后续联盟的形成产生负面的影响。

反过来，声誉也能够促进企业间关系的发展，声誉能够为合作双方提供担保，与正式协议相互补充，增强企业间合作[69]。Aalbers 和 Lambert[70]对生物联盟的研究表明，在高动态市场环境下，公司使用基于声誉的信任作为联盟的非正式的协调机制，会导致联盟的总体交易成本的下降。联盟伙伴之间基于声誉的信任减少了不确定性和互动的频率，而且不会导致投资的增加。Chandler 等[71]探索了企业声誉和地位（status）对组织间网络的不同作用，他们认为地位比声誉对伙伴选择更重要，声誉是不稳定的、多维的，更多基于感知产品质量和财务表现。但是 Burt[72]解释了声誉和地位的关系，他认为地位只是一个信号，无法测量，声誉可以通过被很多或很少人知道而进行衡量；并且地位被定义为与很多人有声誉关系，因此对声誉的研究有重要意义。他的研究表明，声誉在企业地位较低时产生积极作用，当地位提升时声誉会产生副作用。

四、创新网络研究

企业间网络能够促进企业创新和绩效发展。Gronum 等[73]对网络在中小企业创新和绩效中的作用进行了研究，结论表明较好的、异质性的关系会促进中小企业创新，并促进企业绩效成长，建议中小企业注重网络培养和维护。Lasagni[74]对欧洲中小企业外部关系对创新的影响研究表明，那些主动增加与创新提供者、使用者和客户关系的企业，创新绩效更高；此外，如果中小企业改进其与研究机构的关系，就会有更好的新产品开发效果。Gellynck 和 Kühne[75]研究了传统食品行业水平网络和垂直网络对创新的影响，他们发现被调查企业都有垂直网络和水平网络，但是利用网络的强度不同。一方面，垂直网络由于质量保证和可追溯等原因发展较好，但是这些网络经常面临信任缺失；另一方面，水平网络会在企业参加产品协会时得到发展，但是这些网络会被较强的竞争摧毁。创新的主要障碍是缺少对创新网络行为的理解，缺少信任，缺少合适方法和技能的知识，缺少金融和实体资源。研究指出，成功的中小企业利用他们的网络克服知识和信息的缺乏，并创造联合利用资源的可能性。网络行为能显著促进创新产出和企业竞争优势，这种影响在很多行业被证实，包括服务行业、基础行业、制造行业、高科技行业[76,77]。

此外，网络为创新带来的收益还有风险共担[78]，获得新市场和技术[79]，加速产品进入市场[80]，国际化[81]，储存补充技能[82,83]，当合同不能按期履行时维护财产权利[84]，或作为获得外部知识的关键途径[77,85]。网络不仅对获取知识创造内部创新或扩散创新技术十分重要，而且对学习其他组织已经开发或采用的创新工作方式同样重要[86]。

对于影响企业创新的因素，有学者认为网络参与者对创新非常重要[87-89]，如供应商、客户、协会或者孵化器。企业与供应商网络对创新能力十分重要，特别是供应商从一开始就直接参与项目[89-91]，供应商的参与直接影响技术成功的可能，产品创新是否适应市场，这些直接关系到公司的生产绩效[92]。

顾客参与创新已经被证实[90]。顾客在创新早期机会和想法被提出时有重要作用[93]。Conway[92]对35家企业的成功创新进行研究时发现，顾客对创新过程中新想法的产生发挥着重要作用。Oakey[94]对英国小型生物技术企业与客户关系的研究表明顾客参与创新既有利于创新，也会带来风险。大公司的网络行为是对未来可能收购小型供应商的正式的观察策略，因为收购能够降低技术成本和人力成本。

第三方中介人，如专业协会在网络中作为中立的知识经纪人角色，有利于非正式关系的发展[89]。非正式投资者通过朋友或者商业关系获得有关投资机会及相关信息。这些协会在网络中作为创新中介，通过促进非正式个人关系网络的发展，使公司开拓思维，走出现有的业务系统[95,96]。

网络参与者异质性也会对创新网络产生影响[97]，参与者在目标、知识基础、功能和能力、观念、权利、地位及文化方面的异质性都会影响协作创新的发展。

五、协作网络研究

对于企业间协作关系、企业间协作网络的研究很多，下面将从社会网络视角，对企业间协作的网络动因、协作伙伴选择、企业间协作的内容和协调机制及协作的结果（企业绩效及协作关系满意度）等方面的文献进行述评。

对于企业间协作关系网络形成的原因，Ahuja[76]认为企业合作关系形成的机会和诱因来自企业三种积累资本，即技术、商业和社会资本，然而如果企业有技术突破也可以形成合作关系。Parkhe[98]研究了企业间多样性对环球战略联盟的影响，他认为企业需要关注企业间多样性，注意组织学习和对关键过程的适应，以及动态调节多样性对联盟寿命和有效性的影响。这些说明，企业间协作关系的建立是由于企业发展的多样性和企业的异质性，使企业之间产生了对技术、商业或者社会的需求而形成合作关系。Madhok和Tallman[99]基于价值视角，结合交易成本和资源基础视角，提出协作形成的原因，并解释了为什么企业间协作会失败，并为企业如何管理协作产生积极效果提供了进一步的建议。他们认为，企业进入协作关系是希望改变某些情况下的组织形式而产生高级价值，为企业提供潜在的补充资源和能力协同组合，然而这样的关系经常失败，因为合作伙伴公司没有认识到对关系进行的专用性资产投资的重要性。联盟网络能够帮助企业形成合作关系。Schilling和Phelps[100]认为，密集的本地集群通过促进交流与合作，提供网络信息传输能力，非冗余关系缩短了企业间的距离，企业通过网络可利用更广泛的社会资源。

有关企业间协作伙伴的选择，Mowery等[101]强调了伙伴技术能力的重要性，并且联盟形成后会影响企业的技术组合方式。Meuleman等[102]发现，关系嵌入对企业协作伙伴的选择会受到代理风险的影响。当风险较低时，关系嵌入对伙伴选择影响较小，公司更容易将企业网络进行扩张。除此之外，声誉资本会对关系嵌入产生部分替代作用，并帮助企业扩大其网络。

对于企业间协作的内容和动态机制，Adobor[103]提出协作包含三个要素，即参与者（或单位）、转移渠道和知识转移的类型。Adobor 认为，需要通过了解知识管理产出的影响因素，对知识管理机制做更多的研究。但随后的研究倾向于企业间知识转移——认为该过程是有独特的配置和动力机制的过程。Grandori 等[79]认为，企业间关系很大程度上被非市场机制调节，他们开发了一个评估协作关系相对有效性和效率的协调机制框架，监管不同类型企业间的相互依存性。这个协调机制包括协作伙伴专属交流、协作路线、规则和程序、联络和集成角色、企业间权利、组内问题解决、计划、不同形式和程度的产权共享等问题。

Lui 等[104]调查了关系结构和过程对企业间合作伙伴关系满意度的影响。关系结构指的是基于成本的事前事务和合作伙伴关系的特点，而流程指的是在操作模式中展开合作。两个结构性因素包括资产专用性和伙伴的声誉，这些因素可以通过行为进行感知。他们进一步确定合作进程的三个重要方面，即行动默许、行动简化和行动互惠。通过对香港建筑行业的 230 个合作关系满意度进行调查，结果表明行动默许和行动简化对伙伴满意度有重要作用，并超过了两个结构性因素。Schilling 和 Phelps[100]建议企业加入高级群和高到达性（为众多企业缩短平均路径长度）的联盟网络，以帮助企业产生更高的创新绩效。

此外，还有关于企业间协作网络的其他主题的研究，如企业转型期网络的变化[105]、创新协作承包替代垂直整合[106]、企业间协作与新产品开发过程[107]、信息系统应用能力对企业间伙伴关系价值的影响[108]、联合投资对企业间协作竞争程度的影响[109]。

第二节　物流服务供应链网络理论综述

本节首先通过国内外文献回顾和梳理，总结出物流服务供应链的概念和特点；然后对 LSSC 网络的结构和 LSSC 网络的类型的文献进行汇总和述评，以对 LSSC 网络的系统架构有更全面的了解。

一、LSSC 内涵

过去对物流供应链管理的研究主要关注于制造企业如何通过与物流企业在战略或结构方面相互影响获得竞争优势[110]，研究主体是制造企业。目前主流的供应链管理文献也主要关注传统供应链的成员，如制造商和零售商有关战略、结构和资源整合方面的研究。而 LSSC 将对物流企业的研究从传统的供应链管理结构中"解脱"出来[111]，以物流企业作为研究主体，从物流企业的视角对参与物流服务的企业关系及相互作用形成更全面的理解。

国内学者有关 LSSC 的定义，如表 2-2 所示。

表 2-2　物流服务供应链定义汇总

学者	定义
申成霖	物流服务链是以集成物流服务企业为核心企业的新型供应链，它的作用是为物流需求方提供全方位的物流服务。集成物流服务供应商最明显的特征是通过业务转包的形式，选择合适的功能型物流企业来为物流需求方服务
闫秀霞	围绕物流服务核心企业，利用现代信息技术，通过对链上的物流、信息流、资金流等进行控制来实现用户价值与服务增值的过程。这种管理模式是将链上的物流服务业，如物流采购、运输、仓储、包装、加工、配送等到物流最终用户连成一个整体的功能网链结构，链上的加盟物流服务企业在协同作战、竞争取胜的过程中，共享信息、共担风险、共同决策、互相受益、共同发展
蔡云飞	是由物流行业内一系列的企业相互供应而完成的一个完整的物流服务的供给过程
杨明明	港口服务型供应链是指以港口为核心企业，将各类服务供应商，包括装卸、加工、运输、仓储、报关、配送，甚至金融、商业服务等企业和客户（包括付货人和船公司）等有效结合成一体，并把正确数量的商品在正确的时间配送到正确地点，实现系统成本最低

续表

学者	定义
高志军	LSSC 是通过客户的物流需求拉动，以集成各项物流能力的物流服务集成商为核心企业，通过供应链上各个节点企业之间签订合同，对服务流、资金流和信息流进行有效控制，整合链上的各种物流资源，将服务流程管理、服务能力管理、服务价值管理与服务绩效管理进行综合集成而形成的从单独的物流服务分包商到物流服务需要方的功能网链型结构模型

通过对比上述定义发现，国内学者从不同的研究视角定义了 LSSC 的内涵，但对 LSSC 的基本要素有着共同的认识，都强调了物流服务的集成和物流资源的整合。本书选择高志军从物流能力角度对 LSSC 做出的定义，强调了 LSI 对 LSSC 网络中各项物流能力的集成。

对国外 LSSC 相关文献梳理发现，有关 LSSC 的研究较少，学者们通常将物流企业统称为 "logistics service providers"（为避免与下文物流服务提供商产生歧义，此处翻译为物流企业）。许多对物流企业的研究虽然没有明确地提出 LSSC，但都与 LSSC 的研究视角一致。Persson 和 Virum[112] 将物流企业根据企业战略定位基于实体还是基于需求，分为实体操作和变动性不强的操作型物流服务商、非实体运作和变动性不强的物流服务代理商、实体操作和变动性强较强的第三方物流服务提供商、非实体操作和变动性强的物流服务集成商。其中，物流集成商通过为细分目标客户改进服务，并与供应商建立运营联盟增强行业地位，灵活管理和利用一系列外部资源为企业带来经济效益，建立先进的定制化配送过程。这与国内学者有关物流服务集成商整合 LSSC 资源，为客户提供集成物流服务的表述是一致的。

Choy[113] 明确使用了 LSSC 一词，给出了 LSSC 的基本结构，并分析如何利用 ILIM 信息系统管理 LSSC 中的信息流动，整合信息过程，增加信息透明度，降低不确定性。

Wang 等（2014）[114] 从协作角度阐述了物流集成商对 LSSC 中企业间协作关系进行有效管理实现价值创造的重要性。他们的研究表明，协作关系会对物流企价值创造产生重要影响，并且协作关系类型会由于物流企业的不同而存在差异：物流操作商之间是分散协作关系；第三方物流企业之间是功能协作；第四方物流企业之间是系统协作。第四方物流企业主动整合资源实现互惠关系，促进客户的运输需求实现、供应链流动、第三方物流运营和其他网络参与者的行为的改进。因此，第四方物流企业的战略任务最复杂，物流企业必须了解他们所嵌入的网络。需要了解客户特征和客户供应链，还要了解物流外包企业，因此需要系统的协作。

Cui 和 Hertz[115] 曾在文章中明确用 LSSC 来表示由 LSI、物流服务分包商和物流服务需求方所形成的关系网络。他们从网络和能力角度，利用资源基础理论和产业网络分析方法，对物流服务价值创造过程中不同类型的物流企业之间相互影响、相互补充的关系进行了分析，其中涉及的 LSSC 含义与我国学者一致。

Huemer[111] 更是强调要将物流企业的研究从传统供应链管理中解脱出来，将物流企业作为研究主体，利用 4R 模型解释了物流企业如何获得和整合资源，并分析了物流企业形成的供应链与传统供应链在产品和设施、技术、网络节点、企业间关系等方面的异同，其实质就是 LSSC 与传统产品供应链的差别。

通过上述文献可以发现，国外文献没有明确地使用 LSSC 的概念，但是从物流企业的视角，强调 LSI 或者第四方物流企业重视物流企业外部网络资源整合获得竞争优势的研究结论是一致的，只是对某些概念定义有所不同。由此可见，国外有关 LSSC 的研究还有很大的扩展空间。

二、LSSC 网络结构及特点

（一）LSSC 网络结构

对关于 LSSC 网络结构的文献进行梳理，通过对比发现学者们对 LSSC 网络结构的认识逐渐深化的过程，如表 2-3 所示。

表 2-3 对 LSSC 网络结构的认知过程

学者	LSSC 网络结构
田宇	集成物流服务供应商的供应商→集成物流服务供应商→制造、零售企业
申成霖和汪波	功能型物流企业→集成物流服务企业→制造商→分销零售企业
蔡云飞和邹飞	功能型物流企业→第三方物流企业→工商企业
刘伟华	由 LSI 和功能型物流服务提供商所形成的两级结构，并可扩展至多级结构
Choy	功能型提供商→LSI→客户
崔爱平	二级物流服务分包商、一级物流服务分包商、LSI 和物流服务需求方组成的网络结构
高志军等	是一条物流能力增值链，通过物流能力的集成来实现整个 LSSC 上节点企业的共赢
Klein 和 Rai	功能型提供商→LSI→客户
桂寿平等	狭义的 LSSC 是指从上游的功能型物流企业到集成物流服务供应商再到末端的客户所形成的网链供需结构；广义的 LSSC 则在狭义基础上包含物流设备提供商、信息技术提供商以及中间所有相配合的企业或部门
何婵和刘伟	从网络结构和关系两种属性角度剖析 LSSC 的网络属性，给出了 LSSC 网络模型

田宇[116]最早提出 LSSC 的结构，但该定义较为简单，没有详细对 LSSC 的内部结构进行阐述。

申成霖和汪波[117]在对物流服务链的模式进行简单表述之外，还阐述了集成物流服务企业的特点：提供定制化、集成化的物流服务，规模化经营，协同物流需求方及功能型物流服务企业建立合作联盟，建立在信息技术基础上的电子化物流管理。此外，他们还强调了 LSSC 模式的集成化、定制化、协作以及信息技术的支持。

蔡云飞和邹飞[118]对 LSSC 的基本结构的认识与前人研究一致，但是他们认为在物流业发展的不同阶段，LSSC 有着不同的结构形式。结构形式会受到物流外包程度的影响，包括初始阶段的自营物流模式、企业将部分物流业务外包、随着企业核心能力增强将供应链管理业务外包三种形式。然而，这种对 LSSC 结构不同阶段特点的描述不够严谨，并没有完全脱离产品供应链，没有体现 LSSC 的物流资源集成特性，没有明确的核心企业，因此该认识是不够全面的。

刘伟华（2007）[119]对 LSSC 结构的认识是一种两级物流服务供应链并可以扩展至多级结构。他指出 LSSC 网络的核心是 LSI，LSI 需要同中间商、功能型物流服务提供商等进行合作，完善物流服务能力，满足用户的物流需求。该定义首次以网链结构对 LSSC 结构进行表述，但是该两级结构的缺点是没有将物流需求方纳入 LSSC 结构中，缺少对拉动物流需求的客户情况的分析。

Choy[113]除了对 LSSC 结构进行阐述之外，为了解决 LSSC 系统不确定性问题，以我国南部地区物流发展情况作为案例，建议利用信息技术，建立集成化物流信息系统对 LSSC 进行管理。

崔爱平（2008）[120]认为 LSSC 是一种以契约关系联结的动态网络型组织，可以通过契约保证整个供应链的稳定性和柔性。他将 LSSC 网络结构中的物流服务分包商细分为一级和二级物流服务分包商，并提出了 LSSC 构建过程中必须遵循的原则，即战略目标的相似性、核心能力的互补性和契约关系的稳定性。该定义对 LSSC 结构、特点的描述更加全面和完整。

高志军等[121]从物流能力的研究视角对 LSSC 中物流能力的集成过程进行分析，认为 LSSC 中的节点企业通过物流能力集成实现了整个 LSSC 价值的增值，通过物流能力增值和运作的过程演示了 LSSC 的网络结构，根据物流集成能力的广度和深度，对参与 LSSC 的节点企业物流能力进行了分类，包括单一物流能力企业、复合物流能力企业和集成物流能力企业，如图 2-1 所示，LSSC 参与企业通过能力集成实现了共赢。

对物流服务集成商成长作用机制研究

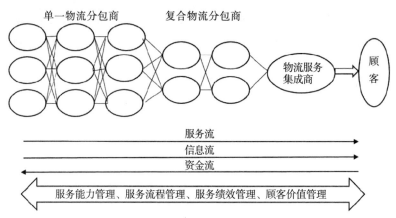

图2-1　高志军等提出的LSSC网络结构

在国外文献中，对于LSSC结构的研究较少，但是，Klein和Rai[122]在《研究供应链物流关系中企业间战略信息流动》一文中，使用物流供应链对物流服务商与客户之间的网链结构进行了描述，明确了战略信息在企业间关系网络中流动对二者关系占用性绩效的影响。

桂寿平等[123]对LSSC结构的认识更加全面，从狭义和广义两种角度定义LSSC结构，并且在广义的结构定义中增加了物流信息技术及物流装备企业的参与，扩大了LSSC网络参与节点企业的类型，使LSSC网络的内涵更丰富。

何婵和刘伟[26]分析了LSSC的网络属性，利用社会网络方法从结构属性和关系属性两方面对LSSC网络进行分析，并给出了LSSC网络模型，如图2-2所示；并提出要从网络属性角度研究LSSC，以及LSSC子网络对各成员企业成长作用机制。

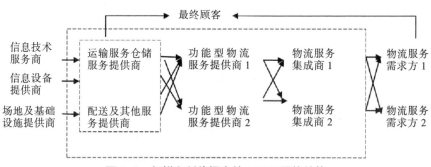

图2-2　何婵和刘伟提出的LSSC网络结构

通过对上述 LSSC 结构的梳理可见，对于 LSSC 结构的认识经历了从简单的链状结构逐步转变为动态网络结构的过程。LSSC 并不是单纯的链状结构，而是节点企业之间相互联系形成的网状结构，因此应从网络视角分析 LSSC 网络特点、节点和子网络构成，如此才能对 LSSC 网络体系有更全面的理解。

（二）LSSC 网络的特点

通过对上述 LSSC 网络结构的梳理，可以发现学者们对 LSSC 网络结构的认识越来越深入。LSSC 网络是为了满足用户的物流需求，以 LSI 为核心，与单一或复合物流能力的分包商以物流能力合作为基础，通过契约关系联结所形成的网络。

结合崔爱平[120]、鄢飞和董千里[124]、陈虎[125]、宋志刚[126]、张德海和王美英[127]等学者有关 LSSC 特点的研究，在此将 LSSC 网络的特点概括如下：

（1）以物流需求为导向。LSSC 是以客户的物流需求所拉动的，LSI 通过对物流能力的集成更好地为客户服务，在提供定制化物流服务时，也需要根据企业运作模式的不同提供差异化的物流服务。

（2）网络资源丰富。为了向物流需求方提供全面物流服务，LSI 需要通过物流服务外包的方式，获取 LSSC 网络中的各种资源，并对这些资源进行配置和有效管理，实现物流能力的集成，通过对物流资源的协调来提高物流服务质量，降低物流成本，为用户提供高质量的物流服务。

（3）高复杂性。尽管 LSSC 网络中包含的节点企业类型并不多，网络结构较短，但 LSI 通过整合网络中的各种资源，为用户提供集成化的物流服务，因此具有高复杂性。此外，网络中的节点企业覆盖的区域广泛，各物流服务环节之间的衔接较复杂，物流服务项目多样，不确定性因素对物流活动的影响，节点企业之间的利益协调和冲突协商等，均导致了其网络的高复杂性。

（4）线上与线下网络相结合。线上通过信息技术为系统集成提供保障，线下以网络化物流实体为支撑。及时获取信息对 LSSC 节点企业之间的协作产生关键影响。先进的信息集成系统可以实现节点企业之间物流信息的即时传输，使企业对上下游衔接环节的物流活动有更准确的了解，更有利于企业根据这些信息安排自身的物流活动。因此，信息技术是实现物流集成服务的关键。信息技术为物流服务集成提供了便利，但同时物流运作过程中需要实体物流设施支撑。覆盖全国的货运线路、布局合理的仓储及配送网络，这些都是提供集成化物流服务的基础。因此，LSSC 网络要注重虚拟信息技术与物流实体的结合，二者发展并重。

通过以上对 LSSC 网络特点的分析可以看出，LSSC 网络中，通过物流需求的拉动，以 LSI 为核心的 LSSC 为了向用户提供全面的物流服务，通过外包和契约等方式与网络中节点企业进行合作，对网络中的物流资源进行整合和物流能力的集成，提高物流服务的实效性，降低物流成本，为物流需求方提供高质量的物流服务。在了解了 LSSC 网络的结构及特点之后，下面将对 LSSC 网络节点（即参与 LSSC 网络的成员企业）特点进行分析。

三、LSSC 网络节点

不同物流企业之间为了实现物流能力集成而通过契约相互联结形成的网络就是物流服务供应链网络[27]。LSSC 的网络中包含众多类型的物流企业，包括物流服务需求方；具备集成物流服务能力的物流服务集成商，如第三方物流企业、第四方物流企业；提供单一或复合物流分包服务的功能型物流服务提供商，如运输企业、仓储企业等[26]。

（一）客户

物流服务的需求方或称为客户，是 LSSC 的重要成员之一，其既是拉动 LSSC 物流活动的需求方，也是物流活动的重要参与者。这是因为，客户对物流服务速度和精益化等要求以及某些定制化物流服务，是物流活动不断改进的根本动力，也是物流服务能力提高的出发点。客户是 LSSC 不可缺少的组成部分，是 LSSC 进行物流服务的目标。LSSC 的客户可能是整条产品供应链，包括供应商、制造型核心企业和分销商[127]，也可能是购买产品或服务的个人和企业。

（二）LSI

LSI 了解客户需求，在供应链物流设计、实施和运营方面有专业经验，很少或没有实体资产，通过企业对物流全流程较高的集成和管理能力，整合单一或复合物流功能企业的资源，并以高水平的物流信息系统为物流协作提供服务，提高相应的及时性，为一个或几个顾客提供所需的集成物流服务[112]。

外包是 LSSC 形成的主要推动力。LSI 专注于物流能力集成、物流环节优化等发展企业的核心竞争力，对于功能单一、简单的物流活动（即非核心物流业务）则通过外包的形式，由 LSSC 中的功能型服务提供商来完成。外包使 LSI 与功能型物流企业实现了双赢，增强了双方的协作能力和相互依赖关系，并且对双方核心竞争能力的提高均有益处。因此，LSI 作为 LSSC 网络中的核心企业，与网络中其他节点企业和物流需求方之间通过外包和契约关系，建立长期合作的相互信任关系，并以先进的信息集成系统为 LSSC 网络节点企业之间的信息共享和交流提供保障和支持[128]。

LSI 在 LSSC 网络中的地位与传统供应链略有差别，它仅是物流服务过程的主导企业，而非一直对 LSSC 有控制权。传统的产品供应链中，核心企业通常对整个供应链有控制权。在 LSSC 网络中，LSI 与客户（物流需求方）的关系是对整个物流过程的运作进行协助管理和协调。LSI 主要是对物流服务与流程进行管理，有关物流服务内容和特殊需求要根据客户的要求来制定，此时以客户需求为主；当物流需求方的要求明确之后，有关 LSSC 网络的运作和物流管理过程则以 LSI 为主导，形成以物流需求为导向，以 LSI 与单一、复合分包商和客户之间对信息、资金等资源的协调与整合，降低物流成本，提高物流效率，为物流需求方提供及时高效和定制化的物流服务。因此，LSI 对 LSSC 网络是一种服务主导，是为客户提供物流服务过程中的主导企业。

LSI 直接面向客户，与客户签订物流服务合同，代表 LSSC 网络统一与客户物流需求对接，根据客户的物流需求对全程物流服务内容和标准进行定制[127]。LSI 与 LSSC 网络中节点企业通过契约等方式合作共同完成物流服务，对网络中的资源、技术等进行规划和整合管理，对物流服务运作过程实现全局的协调和管理[124]。

LSI 企业的类型，可能是有着专业化资本优势的物流企业，也可能是为系统物流提供设计方案，对 LSSC 网络进行整合、集成和管理的第四方物流企业，或者是整个物流信息系统的集成商。通常 LSI 企业的规模较大，能够通过其企业的品牌和声誉在物流服务供应链网络中发挥联结和纽带作用；LSSC 上的其他节点企业根据 LSI 提供的物流指令，完成各自负责的物流功能或物流环节。LSI 在整个物流活动过程中发挥任务分配、关系协调以及信息沟通的职能。管理组织能力对 LSI 来说非常重要，甚至会对 LSSC 网络的整体物流绩效产生影响[129]。因此 LSI 必须具备以下管理能力：

（1）需求响应能力，针对客户物流需求提供定制化服务，善于发现物流发展机遇，根据市场反馈以及行业趋势对市场发展趋势进行预测，对企业发展战略进行及时调整。

（2）规划协调能力。LSI 需要对 LSSC 网络中的资源进行规划和协调，因此系统规划能力以及对物流资源及其他资源的整合能力对 LSI 来说非常重要。此外，LSI 还需要通过提升其信息处理能力和对协作企业的关系处理能力，使物流成本下降，运作整体效率提高[130]。

（3）服务创新能力。降低物流成本是 LSI 以及物流需求方提高竞争力和绩效的传统思路和主要着眼点，主要是通过对 LSSC 网络中资源的整合和共享实现该目标。除了该方式之外，LSI 也开始寻找新的途径来提高自身竞争能力，探索通过服务创新，尝试新的服务方式。例如，将物流服务与新兴共享经济模式结合，提供企业特有的增值服务，为客户带来更多的便利和高效。

LSI 的基本特征如下：

（1）根据需求定制物流服务。LSI 与传统功能型物流企业最重要的区别之一，是它能够为物流需求方提供个性化的物流服务。根据企业发展的实际需求，LSI 对各物流环节进行定制化设计。最先进、最顶级的物流系统并不一定适用于客户的实际情况，要从用户的实际出发，结合成本和效率等因素综合考虑，制订客户最满意的物流方案[131]。

（2）物流功能和流程的集成。如今，许多企业专注于自身的核心业务，而将物流整体外包给 LSI。在这种情况下，客户需要的物流服务不是在仓储或物流环节提供单一的物流服务，而是 LSI 对客户企业所处产品供应链的整体物流服务进行系统的规划和管理，需要各环节物流活动的有效对接，以及对物流系统整体效率的把握。

功能型物流企业提供的物流服务通常是单一的，如仅提供运输服务的车队或者仅提供仓储服务的仓库等，没有办法为客户提供集成化的物流服务，而 LSI 能够通过契约的方式，与不同物流功能的物流服务提供商进行合作，形成 LSSC 网络，将网络中的各种资源进行整合和利用，协调各环节的物流运作，通过集成化综合物流服务，使客户的物流活动得到全面有效的管理，满足客户多样化和个性化的物流需求。

LSI 的集成，不仅体现在它对物流功能的集成，如运输、仓储、货代等全面的服务内容上，还包括对整个物流过程的控制和各物流环节的有效衔接，即 LSI 对物流流程的集成。为物流需求方提供全面的、综合的物流服务，为企业的运营提供物流保障，通过稳定和优质的物流服务与客户建立长期的合作关系。

（3）网络化物流服务。对 LSI 来说，提供物流服务的网络覆盖范围越大，表明其物流能力越大，能够为客户提供物流服务的范围更广，这也是客户选择 LSI 时考量的一项重要指标。因此，扩大物流服务网络是 LSI 一项重要的发展战略。但是，仅凭企业自身的力量去扩张需要大量的时间、财力和机会。通过 LSSC 网络，借助其他成员企业的资源和物流能力，通过合作实现企业物流网络范围的扩张，对 LSI 来说是一条更快实现发展战略的途径，从而使企业能够短时间实现业务范围的扩大，提升企业的市场竞争能力。

（4）先进的信息系统。面对高度不确定性、复杂的环境，LSI 要想实现对 LSSC 网络的集成，必须依靠先进的信息系统，通过信息系统实现 LSSC

网络内信息的即时传输以及节点企业之间的信息共享，通过对系统内物流信息的掌控，实现对网络资源的调配和物流能力的协调。LSI 可以是轻资产型，不需要具备仓库、运输工具等实体物流资源，但是必须有强大的信息系统为整个 LSSC 网络提供支持。信息系统是物流服务集成实现的根本，也是 LSI 必须具备的核心能力[131]。物流与信息流紧密相关，信息系统为 LSI 对 LSSC 网络中节点企业的资源整合提供了有力保障。

（三）复合物流服务提供商

复合物流服务分包商通常能够提供物流服务的简单组合，但不具备对整个物流系统的管理能力，在 LSSC 网络结构中作为中间商角色，与 LSI、单一物流服务分包商建立联系，以外包的形式承接 LSI 的某项或者某阶段物流服务功能，并有可能根据企业实际情况，将所承接的物流业务部分或者全部转包给单一物流服务分包商。

（四）单一物流服务分包商

单一物流服务分包商指配送公司、车队、仓库等具体实施物流业务的企业。由于它们的物流服务功能比较单一，业务范围较小，可能局限于某一区域，信息处理能力落后，因此，通常与物流服务提供商或者 LSI 进行合作，作为它们的供应商在 LSSC 网络中配合 LSI 完成物流服务[127]。

物流企业间的竞争越来越激烈，大型物流企业通过整合兼并等方式不断提高自身的物流服务能力，提供全面集成化物流服务，服务对象为整个生产供应链。在这种情况下，中小物流企业需要对自身发展进行准确的定位，通过与 LSI 合作，成为大型物流企业的分包商，获得大型物流服务经验、长期稳定的客户，并提升企业自身的声誉[132]。但通常情况下，由于同质化物流服务的竞争激烈，物流服务分包商与物流服务提供商和 LSI 之间的合作，有可能是长期稳定的合约关系，也有可能是一种短期的合同关系。

四、LSSC 网络划分

目前虽然没有明确对 LSSC 网络类型的划分，但是以物流网络作为基础和基本研究单元是目前学者们对 LSSC 进行研究的共识[27]。有关 LSSC 的研究，强调网络中成员企业间通过不同物流功能协作而形成的物流功能网络以及它们之间通过物流运作过程所形成的物流运作网络，并对物流企业如何通过网络获取资源、创造价值进行重点关注。此外，物流网络是一个复杂系统，将多种物流功能相结合，将实体网、虚拟网等多种网络相结合，同时具备有形实体运作性和无形的经济社会性特征[124]，因此有必要对物流网络类型划分情况进行回顾，为 LSSC 子网络类型的划分提供理论基础。

目前有关物流网络类型的研究如表 2-4 所示。

表 2-4　物流网络类型的研究汇总

学者	内容
刘伟和高志军[27]	根据物流服务功能的不同，可以将 LSSC 网络划分为仓储、运输及配送网络等类型；根据提供物流服务的范围进行划分，可以将 LSSC 网络划分为内部、外部和综合物流网络
徐杰和鞠颂东[133]	物流服务网络体系包括物流组织网络、物流基础设施网络和物流信息网络
陈嘉翔[134]	物流网络按其拓扑结构的不同，可分为点状网络、星状网络、环状网络、树状网络、轴辐式网络、网状网络、完全图网络
宗会明等[135]	构建了基于战略网络、空间网络和运营网络的物流网络组织理论框架，以南方物流集团为案例对基于公司层面的物流网络组织进行了分析

这些对物流网络的分类方法角度各有不同，但是都没有从获取网络资源的角度对节点企业从 LSSC 网络中获取的资源类型进行细分，这正是本书的主要研究内容之一。

第三节　网络能力理论综述

一、网络能力的定义

有关网络能力的定义，Hakansson 最早提出"网络能力"一词。他认为网络能力大小是企业处理外部关系和利用网络资源的效果差异较大的主要原因，网络能力是企业处理外部关系和改善其网络位置的能力。在此基础上，国内外学者从不同的专业背景和研究目的对网络能力进行了定义，如表 2-5 所示。

表 2-5　网络能力的定义

网络能力及相似概念	内容	学者
网络能力	企业为提高其在网络中的地位及处理特定网络关系所具备的能力	Hakansson
关系能力	企业为了获得竞争优势而建立、发展与管理伙伴关系的能力	Dyer
网络能力	企业为处理与其他组织之间的利害关系需要具备的发展和管理外部网络关系的能力	Gulati
网络胜任力	企业掌控、开发和利用外部网络关系以形成竞争优势的能力	Ritter
网络管理能力	企业在网络中利用和协调其他行动者的资源和活动的能力，包括网络构想能力、网络管理能力、关系集合管理能力和关系管理能力	Moller
网络能力	企业发展和管理外部网络关系的能力，其本质在于通过寻求和运用网络资源来获得竞争优势	徐金发
联盟能力	企业有计划地积累、储存、整合及扩散企业和个人通过联盟所获得的知识的机制和程序	Kale

续表

网络能力及相似概念	内容	学者
战略网络能力	企业有效地设置创新网络和选择合作伙伴的能力	Hagedoorn
网络能力	企业通过识别外部网络价值与机会、发展、维护与利用各层次网络关系以获取信息和资源的动态能力	任胜钢

这些定义尽管略有不同，但反映了学者们对网络能力研究角度的不同。例如，网络胜任力强调了知识积累是网络能力的基础[136]；网络管理能力和战略网络能力强调了要从整体性和层次性方面理解网络能力，Moller 对网络能力的划分就体现了企业在产业、企业、关系组合、二元关系四个层面的能力；动态能力强调了网络能力的动态性，会随着企业所处环境的变化而不断升级。本书引用 Moller 的定义，网络能力是企业在网络中利用和协调其他行动者的资源和活动的能力，包括网络构想能力、网络管理能力、关系集合管理能力和关系管理能力。

二、网络能力的构成

分析网络能力的构成可以帮助组织构建网络，并提升网络管理水平。本书梳理了有关网络能力构成维度的文献，如表 2-6 所示。

表 2-6 网络能力的构成维度

学者	内容
Ritter[137]；Ritter 和 Gemunden[138]	网络能力包括任务执行和资质条件。其中，任务执行包括特定关系任务执行和跨关系任务执行；资质条件包括专业技术资质和社会交际资质
马刚[23]	任务执行、资质条件和组织学习
朱秀梅等[139]	从意识、资质和行为三个方面重构网络能力，包括网络导向、网络构建和网络管理
Hagedoorn 等	基于中央性的网络能力和基于效率的网络能力

续表

学者	内容
方刚[24]	战略性网络能力和操作性网络能力
Moller 和 Halinen	网络构想能力、网络管理能力、关系集合管理能力、关系管理能力
徐金发	网络构想能力、角色管理能力和关系组合能力
邢小强和全允桓[136]	网络愿景能力、网络管理能力、组合管理能力、关系管理能力
任胜钢等[140]	网络愿景、网络构建、关系管理和关系组合

通过表 2-6 可以发现，对于网络能力的维度划分主要有三种方式：

第一种是在 Ritter 等人的研究基础上，基于资质和执行或在此基础上进行延伸，如增加组织学习[23]，从意识、资质和行为三个方面将网络能力划分为网络导向、网络构建和网络管理[139]。

第二种意识到了网络能力的整体性，从战略角度和操作角度对网络能力进行划分。

第三种的研究视角比第二种更加全面，基于整体性的视角并分层次地对网络能力维度进行划分。例如，徐金发等从战略、过程和关系三个角度对网络能力进行划分；Moller 和 Halinen、邢小强和全允桓[136]、任胜钢等[140]对网络能力的维度划分都包含对企业不同层面网络能力的要求，包括网络未来发展定位、网络整体构建、单一关系管理和关系组合优化配置等内容。

通过这些网络维度的划分可以发现，学者们都强调了网络能力的整体性，突出了网络构想、战略性网络能力的重要性；另外，注意到了网络的层次性，区分了整体网络构建、关系组合管理能力和具体关系管理能力。

综上所述，本书参考第三种划分思路，借鉴 Moller 和 Halinen 对网络能力的类型的表述，将其分为网络愿景、网络构建、关系管理和关系组合四个层次，并利用任胜钢等[140]开发的网络能力测度量表对网络能力进行测量。

（一）网络愿景

网络愿景是企业了解网络现状，识别外部网络机会，预测网络未来发展方向的能力。网络愿景能力是从战略角度对企业外部网络的构建、运行和演化进行谋划和准备。这就要求企业能够在网络中全面地搜索信息和潜在合作伙伴，并能够对自身和合作伙伴的能力进行综合测评，并基于此明确企业未来在网络中的定位和方向。因此，网络愿景可细分为网络感知、网络识别和网络定位三个方面[140]。

（1）网络感知：企业搜索网络信息，寻找拥有互补资源或者独特优势的潜在合作伙伴的能力。

（2）网络识别：了解企业在联盟网络中与重要合作伙伴的位置关系，与合作伙伴或联盟网络关系的质量，以对自身能否成为其他企业合作伙伴进行评估。

（3）网络定位：根据企业在网络中拥有社会、技术和认知等维度资源关系的综合，对企业在网络中的地位进行认识和评估的能力。企业必须对所处网络中能够利用的各维度资源有着全面的认识。

（二）网络构建

企业间关系网络需要建立关系的双方投入时间、资本等才有可能得到发展。但是由于企业所占有资源的有限性，企业必须思考如何在现有条件下开发最优网络关系组合，嵌入新市场网络，并在网络中寻找最恰当的网络位置。在企业通过网络愿景能力从战略角度对企业网络发展进行定位之后，就需要运用网络构建能力，有针对性地与目标企业建立关系，吸收和获取网络知识，充分利用网络资源推动企业发展。

网络构建能力是指企业在网络中调动和协调其他节点资源和行动，并制定和执行各种网络任务推进网络变革，实现企业价值的能力[140]。网络构建能力包括网络开发、网络联结、网络学习和网络控制四个方面。

（1）网络开发：积极发展与潜在合作伙伴的合作关系，合作过程中充分显示自身优势和合作前景，通过资源共享、合作共赢等方式保持长期合作关系。

（2）网络联结：企业对合作关系进一步发展的能力。通过设置双方关系沟通人员、识别和利用关系推动者建立有效关系，并为实现特定计划和任务目标进行人员配备。

（3）网络学习：企业通过合作关系获取和吸收经验、知识的能力。例如，通过参与联盟活动获得经验，并在企业内部对这些经验进行消化和吸收；通过合作伙伴关系对知识和信息资源进行学习和积累。

（4）网络控制：对企业网络构建活动的管理，通过内部导向控制（包括对企业交流人员绩效进行评价和激励）和外部导向控制（对合作关系效益进行评估）使网络朝良性方向发展。

（三）关系管理

关系管理能力是针对特定组织和群体间二元关系的建立、优化和协调的能力。二元关系的管理能力是其他三种网络能力的基础，关系管理能力直接影响企业网络发展的质量，甚至会影响企业网络能力的整体水平。关系管理是一项系统工程，包括关系交流、关系优化和关系协调三方面的能力[140]。

（1）关系交流：企业以信任为基础，从战略、组织和个人三个层面依次开展的有关合作关系的交流。

（2）关系优化：企业在资源共享和利益互惠基础上建立关系，并通过不断地改善和发展关系，达到关系投入和关系产出之间的最优结果。

（3）关系协调：在单纯信息交流基础上对双方合作关系的深入整合和调整，使双方能够更加同步和适应，如双方合作职能和工作程序的制定和使用，冲突协调机制的建立，等等。

（四）关系组合

为了实现企业的发展，企业需要构建外部关系网络以获得稀缺性资源。因此，为了获取更多的稀缺性资源，提高获取网络信息的数量和质量，企业需要对多元关系组合进行有效协调和资源整合，这种能力被称为关系组合管理能力[140]。关系组合管理能力包括关系组织、关系整合与关系重构三个方面。

（1）关系组织：企业为实现计划而对多元合作关系进行沟通方式选择、资源分配和适应性调整的过程。

（2）关系整合：通过对合作伙伴的整合，有利于网络资源产生协同效应，并提高合作伙伴资源的知识转换效率。

（3）关系重构：企业从生命周期视角对合作伙伴的未来价值予以评估，从而对合作关系进行创造、管理和终止的能力。

由于外在网络环境复杂多变，企业在通过网络获取资源实现企业目标的同时，需要采用多样化的管理方式加以应对，具备多层次的网络能力；同时也要为合作伙伴提供某些方面的资源协助，这样才能形成长期稳定的合作关系，实现双方共赢发展。

三、企业间网络与网络能力

企业间关系网络为企业提供了丰富的网络资源，通过企业间网络扩大了企业可利用资源的范围；外部网络中资源的多样化和异质性有利于企业寻求互补性资源，企业通过识别、利用和整合企业间网络资源，提高企业的竞争优势。由此可见，企业间网络与网络能力之间的关系密不可分。

许多学者的研究也证明了这一点，Iansiti 和 Clark[141] 的研究表明，企业与顾客或中间商的合作关系会密切影响企业的产品概念与制度创新，并且成为企业提高能力的关键。动态能力是企业对内外部资源进行管理的综合能力，既包括企业对内部资源进行组织和处理的战略过程，也包括与其他企业或组织间合作的能力[22]。Doving 和 Gooderham[142] 从网络嵌入性视角，对企业嵌入网络的特性与网络动态能力关系进行了探索性研究。研究结果表明，企业在网络中的位置会受到企业间关系网络范围的大小和关系多样性的影响，并会对企业收集信息和筛选信息的能力以及获取和维持异质性资源的能力产生影响。

有关企业间网络与网络愿景能力的关系，Walter 等认为创业导向会通过网络能力的调节正向影响企业绩效之间的关系。Wales 等[143] 对瑞典 258 家小企业的研究表明，创业企业对未来发展方向的定位与企业绩效之间呈倒 U 型关系，并且相对于网络能力匮乏的企业，那些具备信息和技术交流能力以及网络能力的企业，更能够克服创立初期资源缺乏的弱点，帮助企业获得最优水平的资源，并提高企业绩效。此外，企业通过环境扫描活动来感知外部机会，通过扫描活动提高网络识别能力，并促进网络构建、角色管理和关系组合能力的提高，这些能力的互动强化效应引导企业不断创新[144]。由此可见，企业在制定初期发展战略时，就要重视企业间网络的重要性，提高企业网络能力，充分利用企业间网络资源，提升自身的竞争能力。

网络构建不仅需要与其他企业之间建立联系，更重要的是要对网络资源进行学习和吸收。Teece 等[10] 的研究表明企业间合作能够帮助企业认识失败实例并防止出现战略不完整性，这种学习过程被称为新型组织间学习，这种组织间学习对网络构建非常重要。此外，Lane 和 Lubatkin[145] 对跨国公司间关系和战略联盟对吸收能力影响的研究也表明了知识转移和吸收对企业发展的重要作用。陈宇科等[146] 分析了合作创新网络，即通过合作降低创新成本，提高创新效率对企业吸收能力的影响，并给出如何通过该网络培养和提升吸收能力的对策建议。

关系管理能力是针对二元关系的交流、优化和协调，李铮[147] 的研究表明，企业间关系的协调受到企业合作利益、合作共享性以及合作交互性的共同影响。其中，合作共享性与合作交互性会协同影响企业间关系的协调，并且共享性对企业间合作关系的协调影响更加重要。由此可见，合作关系网络不仅提供网络资源，也会对关系协调和优化产生影响。

关系组合管理能力强调的是对网络资源的整合，而企业间网络为企业间资源交换与组合提供了渠道，也是企业间网络的核心[89]，企业间网络资源渠道的建设和完善有助于企业间更好地建立联系，进行互补性资源的交换和整合，促进企业发展。Tiwana[148] 从网络嵌入性视角，研究了企业间网络对知识整合的影响。他的研究表明：弱连接能够帮助企业获取多样性的知识和能力，强连接能促进整合，二者互为补充并交互作用于企业对知识的整合能力，实现企业对知识整合能力的提升，从而提高企业应对外界变化的能力，并能够促进企业间联盟发展目标的实现。

本章小结

对企业间网络中所蕴含的社会关系、市场信息、声誉、创新和协作资源文献的回顾,是 LSSC 子网络类型划分的理论基础,LSSC 网络的结构和网络能力理论是本书涉及的重要概念。本章对企业间网络蕴含的五种类型资源进行了文献回顾和总结,对 LSSC 网络的定义、结构、网络节点、网络划分方法进行了归纳和整理,并在网络能力相关文献的基础上,辨析了网络能力的四个构成要素,并对企业间网络与网络能力之间的关系进行了讨论。

第三章　LSSC子网络划分及测度研究

网络资源观认为，资源不仅存在于企业内部，也存在于企业间网络。企业通过网络获得信息和资源，为企业带来竞争优势。本章根据网络资源理论，将 LSSC 网络划分为五种子网络，得出 LSSC 子网络的测度指标，并利用实证方法进行统计检验，最终确定 LSSC 各子网络的测度量表。

第一节　网络资源视角下的 LSSC 网络

随着全球产业竞争格局和传统经济增长方式的转变，企业间竞争从单个企业之间的竞争逐渐演化为企业网络之间的竞争。在网络化竞争的背景下，物流企业作为需要多个物流环节相互衔接的服务型企业，更强调企业间关系的重要性；并且随着物流外包的普遍性，物流企业对于从企业外部利用资源也更加重视。有关 LSSC 的研究也开始以网络为研究对象，目前学者们主要研究了 LSSC 的网络结构及运作过程中的价值创造机理及一般规律。对于 LSSC 网络结构的研究，何婵和刘伟[26] 运用网络属性思维研究物流服务供应链，认为可以从结构属性和关系属性两个维度剖析 LSSC 的网络属性。刘伟和高志军 [27] 认为，物流服务供应链中节点企业之间的互动和整合机制是价值共创的根本驱动力。

网络资源概念的提出使社会网络研究的重点逐步转向组织间关系具体内容网络资源上，为研究企业间网络如何促进企业发展的动力机制提供了重要思路。本章将利用网络资源理论对 LSSC 网络进行分析，尝试解决以下几个问题：①如何从网络资源视角理解 LSSC 网络？②根据获取资源的不同，LSSC 网络可以划分为哪些子网络？③这些子网络该从哪些维度进行测度？本章将针对我国物流行业的情况对上述三个问题进行深入的探讨和分析。

网络资源观是对资源基础理论研究范围的拓展，资源基础理论是在彭罗斯的企业成长框架下，将企业内部资源看作企业可持续竞争优势（sustained competitive advantage，SCA）的源泉，经过沃纳·菲尔特、巴尼等人的发展而形成。其核心命题是如果企业想实现 SCA 状态，必须获得和控制有价值的、罕见的、独特的和不可替代的资源和能力，并需要组织吸收和应用它们 [149]。资源基础理论强调了资源的异质性 [150] 和内部性 [151]，认为只有存在于企业内部的能够被企业占有的稀缺性资源才是企业竞争能力的来源，从而忽略了企业外部网络对企业获取资源的作用。

网络资源理论是对资源基础理论在社会网络环境下的延伸，将资源基础理论和社会网络理论相联系，为资源观视角研究企业竞争优势提供了有效的补充。Gulati[15] 首先对网络资源的内涵进行了定义，他的研究指出企业间网络中存在可以利用的资源，企业可以通过网络合作伙伴获得信息和资源，为企业带来竞争优势。网络资源理论认为企业出于经济目的构建企业间网络，获取外部资源，既包括公司层面的网络资源，也包括企业董事、经理和雇员的个人网络资源 [152]，为企业带来共有收益以及私有收益。网络资源理论不是简单地将企业所建立的所有外部连接直接视为企业所获得的资源，还需要对节点的资源属性进行识别，看是否能够促进企业通过该网络节点获取资源，并促进企业相关行为的开展以及绩效的提高 [153]。

LSSC 是通过成员之间竞争合作关系所形成的一种网络 [154]。LSSC 以客户的物流需求拉动，为了提供全面的物流服务，围绕 LSI 为核心与物流需求方、功能型物流服务提供商形成 LSSC 网络，通过能力合作、提供个性化的物流服务来保证产品供应链的运作[155]。LSSC 网络中各个节点企业之间有效的链接是通过其所订立的契约来实现的，LSI 通过与分包商合作提供综合物流服务[121]。从网络资源视角来看，LSSC 网络为成员企业提供了资源交换的网络；物流企业为了完成物流服务从 LSSC 网络中获取外部资源，整合网络中的物流资源，提升企业的物流服务能力。然而，物流企业从 LSSC 网络中获取的资源种类不同，对企业影响也会不同，因此本书根据资源种类的不同，对这些关系网络进行划分。

第二节　LSSC 子网络的构成

目前企业关系网络类型的划分，根据划分标准不同有以下几种：根据网络参与者的性质，将网络划分为企业（组织）网络和个人网络[25]；根据企业间关系是否通过契约约束其行为，将企业间关系网络划分为正式网络与非正式网络[156]。从网络资源视角来看，企业之间通过建立关系网络来获取企业所需资源，同一关系中可能存在资源的重叠，因此有必要将这些资源进行区分。根据企业间关系涉及内容的不同，Lechner 和 Dowling[157] 将创业企业外部网络视为各种子网络的集合，即企业间关系网络有五种类型，包括企业高层管理者个人的社会网络、为企业带来创新的技术创新网络、为企业提供市场信息的营销网络、提高企业品牌和知名度的声誉网络以及企业间相互协作的合作竞争网络。但是，该划分方法是针对创业企业，那么针对企业间协作更多、资源整合程度更高的 LSSC 网络类型又有何不同？

本书借鉴了 Lechner 和 Dowling[25]、吕一博和苏敬勤[158]、冯文娜[159] 等人对企业间网络的分类方法，根据 LSSC 网络中成员从该网络中获取资源类型的不同，对 LSSC 网络划分如下[160]。

一、社会关系网络

社会关系网络是指物流企业高层或员工通过 LSSC 网络同其他成员企业建立联系，为物流企业带来相关利益的个人社会关系所构成的网络，如企业领导的朋友、同事或者亲戚等[161]。个人关系能够帮助企业获取资源，实现成长[82]，促进物流企业间信任的形成，加速物流企业获取资源的速度和质量[161]。企业关系网络会直接影响中小企业协作完成物流服务的质量和稳定性[162]。

社会关系网络从网络紧密性和稳定性两方面衡量。社会关系的紧密性是指企业家与其他组织相关负责人非正式交流的频率和持续时间[159]。社会关系的紧密是指企业为了实现双方企业长期友好的合作关系，通过投入较多资本形成相互信赖的闭合网络。在这种以信任为基础的紧密关系网络中，更有利于企业通过外部关系网络获得某方面的帮助及其所需知识和技能，特别是其他途径无法获得的隐秘知识[163]。社会关系的稳定性是指企业之间能够相互信任，履行诺言。信任水平越高，网络稳定性越高，越有利于企业成长[159]。

二、市场信息网络

市场信息网络能帮助企业获得有关市场需求及新客户的信息，帮助企业调整战略方向[164]。市场信息网络对企业绩效产生积极影响[165]。Woodruff[166]认为，未来企业竞争优势主要来源于外部市场导向和优质客户价值的传递。这里的市场导向就是企业根据顾客需求及时对市场情况做出反馈。对物流企业来说，市场导向对企业绩效也会产生积极影响[167]。市场信息网络是物流企业重要的客户信息源，市场信息网络的不断发展也能够使企业更好地改进产品或服务。

市场信息网络可以从网络规模和稳定性两个方面进行测量。其中，网络规模是指企业能够获得行业最新发展情况、用户需求反馈等信息以及发展潜在用户的网络关系的数量，可以通过与企业建立业务联系的客户、物流服务分包商数量进行衡量。市场信息网络的稳定性是指企业的产品质量以及技术支持的及时性，如客户或分包商是否对企业的服务质量做出好评，以及企业是否能够在其需要时提供技术支持。

三、声誉网络

声誉网络是物流企业为了获得更高的声誉和市场地位与 LSSC 网络中领先地位的企业或者受企业高度重视的企业开展合作，通过与这些企业的合作使企业学习先进经验，提升物流服务能力。与知名企业的合作经验能够显著提高企业声誉，提升企业品牌和知名度，获得客户信任[168]。对于服务性企业而言，声誉会提高顾客满意度，增加顾客忠诚度和对企业产品或服务的信任[169]。声誉对物流企业来说也非常重要，因为物流提供的产品就是物流服务，在对集成型物流企业进行访谈的过程中，受访者也一致认同声誉对物流需求方选择物流服务企业时"是一项重要的参考依据"，他们觉得较高的声誉能够体现企业以往物流服务的质量。加入 LSSC 网络中，对规模较小或功能单一的物流企业来说，其有更多机会参与到大型物流企业的综合物流服务中，学习先进的物流管理经验。这些企业通过 LSI 的统一规划管理来提升物流服务的信誉，从而带来更多的市场机会。

声誉网络的测量可以从企业接触网络范围和网络稳定性两方面进行衡量。声誉网络范围是指同行或相关领域对本公司品牌和知名度的一种评价，也是对本公司服务质量的认可程度，可以通过本公司过去完成的成功案例、合作企业的数量，以及本公司声誉是否得到了同行客户的认可这些方面进行评价。声誉网络稳定性是指目前对企业声誉认可的合作关系是否稳定，可以通过双方是否遵守合同、合作优先考虑，以及冲突是否能够协商解决为对方考虑等方面进行评价。

四、物流创新网络

物流创新网络是根据 Lechner 和 Dowling[164] 提出的知识技术创新网络的概念引入物流行业得来的，该网络最大的优点就是能够接触到大量知识。物流企业之所以要提高服务创新方面的资源投入，是因为通过服务创新能够显著提高企业的服务质量，进而增加顾客对企业物流服务的满意度以及对企业的忠诚度，从而对绩效产生正向影响[170]。物流企业为了减少创新投入成本，可以通过 LSSC 网络向其他组织学习，通过网络嵌入提升物流企业服务创新绩效[171]。

物流创新网络的测度，从网络范围和稳定性两方面测量。网络范围会受到企业与外部关系网络中其他参与者（如客户、代理商、科研机构和竞争者）的远近程度的影响，关系越近，网络范围越大[159]。因此，可以从物流企业与分包商、客户和科研院所的接近程度对物流创新网络的范围进行测量。网络中创新知识是否易被企业获得，取决于网络中知识流动的频率，频率越高越容易，并对企业绩效的提高和企业发展的影响越大[159]。物流创新网络的稳定性通过企业获得新知识或技术的难易程度来衡量。

五、物流协作网络

物流协作网络是 LSSC 网络中成员企业根据物流功能的不同相互协作形成的关系网络。企业需要对供应商关系进行管理，因为与供应商的合作关系会显著影响物流绩效[172]。Nyaga 等[173]认为合作促进关系专用性投资增长，并使双方产生信任和承诺，进而提高合作关系满意度和物流绩效。LSSC 企业间协作需要物流服务集成商发挥作用，它比其他网络成员有更强的物流集成能力，更具竞争优势，所以作为 LSSC 网络中的核心企业能够促使其他节点企业共享资源，调节网络中资源分配，提升总体服务能力。

Biggart 和 Guille'n 的研究表明企业会变得越来越专业化，并从网络中其他企业获得产品的其他部件。这表明紧密的协作产生分工，并形成企业的异质性，即企业的异质性能够促进企业间的协作。此外，在协作过程中还需要企业应对市场变化，适应性越灵活，企业的生产力越强[174]。综上所述，物流协作网络可以从异质性和韧性两方面测量。LSSC 子网络类型和测度如图 3-1 所示。

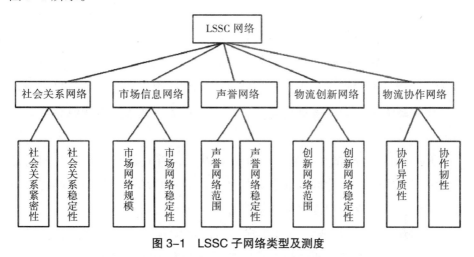

图 3-1　LSSC 子网络类型及测度

第三节　研究方法

一、问卷设计

在对数据进行定量研究之前，首先要对相关变量进行测量。本书参照 Churchill[175]、风笑天[176] 等有关问卷设计和量表题目的建议，采取以下步骤设计问卷：

（1）在文献阅读的基础上形成初始问卷。严格遵循问卷调查的原则、注意事项[176] 等，通过对社会网络理论中有关网络的测量等内容以及企业管理中有关企业绩效的评价等内容进行回顾，对比各种测量方法和评价指标，在成熟量表的基础上，结合 LSSC 网络的特点，确定初步测量维度和题目。

（2）征求学术专家的意见。在初始问卷形成之后，笔者征求了本项目研究团队中各位专家的意见。本研究依托国家自然基金项目，该项目形成了具备各研究领域和层次，包括教授、讲师、博士和硕士研究生所组成的研究团队。在定期的项目交流中提交给学术团队的成员，对问卷问题措辞的合理性等进行多次讨论和局部修改，尽量使问卷更加合理。

（3）通过访谈征求企业对问卷的意见。访谈对象是具备提供集成物流服务能力的物流企业的中高层领导，主要包括本研究的探索性案例分析中的访谈企业以及其他企业调研过程中涉及的相关企业。访谈主要针对如何理解 LSSC 网络类型、网络能力、LSI 成长绩效的测量指标等内容，并对问题设置是否清晰、是否容易理解征求了企业中高层领导的意见。通过本阶段的修改，问卷变得更加简洁、清晰和易懂，便于问卷调研企业人员的填写。

（4）问卷预测试与检验。问卷设计好后，首先在小范围内对问卷进行试填写和回收，统计回收问卷数据情况，对信息填写不完整情况查找原因，并对小样本数据进行初步的检验分析，再次对问卷进行调整。

（5）正式问卷形成。通过小样本对问卷的预调研，对问卷进行最后的修改，并形成正式的调查问卷。问卷设计基本步骤如图 3-2 所示。

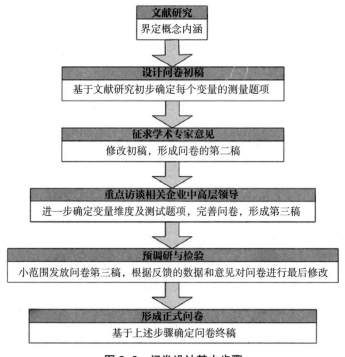

图 3-2　问卷设计基本步骤

二、变量测度

对变量的测量采用利克特 5 级测量法，根据物流企业的现实情况进行评分。本书利用社会网络理论有关网络属性的分析方法并参考冯文娜[159]、吕一博和苏敬勤[158] 及 Lechner 等[164] 的成熟量表设计了测量指标，将每个变量通过多个题目进行表达和反映。其中，社会关系网络从关系紧密性和稳定性两方面进行考察；物流协作网络从协作异质性和韧性两方面进行考察；市场信息网络从网络规模和网络稳定性两方面进行考察；物流创新网络从网络范围和稳定性两方面进行测量；声誉网络也是从网络范围和网络稳定性两方面进行考察，共计 32 项测量题目，具体测量题项见表 3-1。

表 3-1　LSSC 子网络测量题项

变量	维度	测量题项
社会关系网络	紧密性	企业家与其他企业和非企业组织领导的非正式交流非常频繁； 企业家与其他企业和非企业组织领导交往了三年以上； 企业家与其他企业和非企业组织领导的社会关系非常紧密
	稳定性	企业家在社会交往中能够履行诺言； 企业家相信其他企业和非企业组织领导能够履行诺言； 遇到困难时，企业家与其他企业、政府、金融机构、科研院所相关负责人相互帮助
物流协作网络	异质性	企业不需要与产品或服务相同的企业进行合作； 企业力图做强、做精自己的专长； 企业专注于自己的专长，并与不同专长的企业合作
	韧性	企业和客户、分包商以及竞争者进行广泛的不同形式的合作； 企业应对来自市场的突发事件的能力非常强； 企业可以根据竞争对手的情况灵活应变； 企业会根据市场环境的变化及时调整产品或服务功能

续表

变量	维度	测量题项
市场信息网络	规模	本企业比同等规模的企业有更多有业务联系的客户和分包商； 本企业比同等规模的企业有更多物流功能相同的互补或竞争企业； 本企业比同等规模的企业建立了更多与客户、分包商的业务联系； 很多企业能够为本企业提供市场信息、推荐新客户
	稳定性	客户、分包商对企业物流服务或产品质量做出好评； 企业能够及时地为客户、分包商提供技术支持； 企业与客户和分包商之间有着较好的合作关系
物流创新网络	范围	其他企业的一项新技术或物流服务创新项目能够很快被本企业获知并熟悉； 其他企业能够很快知道并熟悉本企业的某项新发明或物流服务创新项目
	稳定性	客户、分包商会主动与企业就物流服务的相关问题进行沟通，并给出具体意见； 许多物流服务完善的意见来自客户； 企业容易从科研院所获得物流新知识、新技术
声誉网络	范围	企业享有良好的声誉，愿意与企业合作的伙伴很多； 目前企业的合作者是因为企业声誉良好才与企业合作的； 与其他企业相比，企业声誉得到了更多同行、客户的认可
	稳定性	企业在与合作伙伴的业务交往中能够遵守、履行合同； 如果企业有新的合作业务，首先会考虑现有的合作伙伴； 交往中发生摩擦时，企业首先考虑的是双方的利益； 企业坚持双方的长期关系比眼前利益更重要

三、样本确定与数据收集

本研究试图通过调研了解 LSSC 各子网络的发展情况，以及物流企业寻找和利用网络资源的能力（即网络能力）的情况，将具备物流集成能力的物流企业作为研究对象。被调研企业必须满足以下条件：首先，必须是从事物流服务的企业。这里物流企业是指能够根据客户物流需求提供包括运输、仓储、配送等物流服务，从事物流活动的经济组织。其次，企业存在物流业务的外包。因为外包是 LSI 的基本特征，也是 LSSC 网络形成的主要动力，LSI 通过将物流业务外包给其他功能单一的物流企业而形成了提供全面物流服务的 LSSC 网络。最后，物流企业必须具备一定的规模，人数在 20 人以上，企业成立时间超过 3 年。企业规模如果太小，对网络资源的协调能力不够，无法作为核心企业对整体物流活动进行规划和管理；企业成立时间太短，具备的物流集成经验不够，发展情况不够稳定，无法对 LSSC 网络进行构建、管理和协调，企业经过 3 年时间的发展，已经基本稳定，成长绩效凸显，网络能力也得到体现。

问卷调查主要针对中高层领导进行。中高层管理人员熟悉整个企业运作，能够对企业综合利用网络资源的情况、企业网络能力的布局以及企业绩效等问题做出比较全面和准确的评价，提供有关企业情况的真实信息。

问卷主要通过如下四种渠道进行发放：

（1）发放问卷给上海交通大学和上海海事大学物流、航运 MBA、EMBA 企业学员填写，并委托他们代为发放。

MBA、EMBA 班级的成员通常为物流航运领域企业的管理层，刚好符合本研究对调研对象的要求，因此充分利用该途径发放和收集问卷。本次调研采用问卷星平台提供的问卷设计及微信转发功能，将问卷内容录入后可以通过手机发送问卷链接给受访对象，对方通过手机接收问卷调查，并且能够对所调研的数据进行统计和汇总，大大提高了问卷调查的便利性，以及问卷信息回收的效率和准确性。此问卷发放形式相对传统纸质问卷更加便利，数据收集也更方便，调研时间更灵活，但缺点是问卷回收率较低。发放问卷 600 份，回收有效问卷 240 份，有效问卷回收率为 40%。

（2）利用参加企业调研的机会向符合条件的物流企业发放问卷 20 份，回收有效问卷 15 份。

（3）参加 2016 年 3 月 22 日至 24 日"集装箱多式联运亚洲展"、

2016 年 6 月 14 日—16 日"亚洲物流双年展"，在会场向参展企业介绍问卷调查目的和相关情况后，邀请参展企业填写问卷，现场填写完毕后直接返还问卷发放人员。该方式的优点在于与被访对象进行现场交流，并能对他们的疑问进行解释，回收率高，缺点是需要人力物力的支持，花费时间较长。通过该方式发放问卷 120 份，回收有效问卷 83 份，有效问卷回收率为 69.2%。

（4）通过个人及研究团队的人际关系网络，对相关物流企业进行问卷调查，并委托他们代为转发。该途径共发放问卷 300 份，回收有效问卷 164 份，有效问卷回收率为 54.7%。

本研究的问卷发放和收集工作共用时 6 个月左右，2016 年 3 月至 4 月对问卷进行了小样本预试，2016 年 5 月至 8 月进行正式的问卷调研和数据收集工作。发放问卷总数共计 1040 份，回收有效问卷 502 份，有效问卷回收率约 48.3%；从问卷的形式来看，502 份有效问卷中，纸质问卷 98 份，微信问卷 404 份，以新型问卷收集途径为主，为调研带来了很大的便利。问卷发放及回收情况如表 3-2 所示。

表 3-2　问卷发放及回收情况统计

调研方式	发放形式	发放问卷数	回收有效问卷数	有效问卷回收率
MBA/EMBA 学员	微信	600	240	40%
企业调研	纸质	20	15	75%
物流会议、展会调研	纸质	120	83	69.2%
人际关系网络	微信	300	164	54.7%

四、数据分析工具和方法

本书主要利用 SPSS 22.0 和 AMOS 21.0 软件对收集的问卷数据进行统计和分析。根据实证分析的步骤，在对问卷数据进行回收统计之后，还需要对这些数据进行描述性统计，了解数据分布情况及特征；然后进行相关性分析，确定变量之间相关性的大小；之后再对变量进行信度与效度分析，检验数据的稳定性和有效性；利用 SPSS 22.0 对数据进行描述性统计、相关性分析以及变量信度及效度检验；利用 AMOS 21.0 进行验证性因子分析和结构方程建模，检验预先提出的假设模型。

第四节　统计分析结果

一、描述性统计分析

从回收的 502 份有效问卷来看，本研究涉及企业规模涵盖大、中、小型企业，企业年龄涉及年轻和有经验的 LSI，资产总额包括各资产规模的物流企业，业务范围涵盖所在市、省、全国以及跨国业务，主营业务多样化，基本包括物流行业的主要业务形态，回收问卷的描述性统计分析如表 3-3 所示。

表 3-3　样本基本统计资料（*N*=502）

属性	类别	频数	百分比	累积百分比
企业规模	20 人及以下	8	1.6%	1.6%
	21 ~ 50 人	36	7.2%	8.8%
	51 ~ 200 人	176	35.1%	43.9%
	201 ~ 500 人	118	23.5%	67.4%
	501 人及以上	164	32.6%	100.0%
企业年龄	3 ~ < 5 年	65	12.9%	12.9%
	5 ~ < 10 年	230	45.8%	58.7%
	10 ~ < 20 年	179	35.7%	94.4%
	20 年及以上	28	5.6%	100.0%

续表

属性	类别	频数	百分比	累积百分比
资产总额	1000 万元以下	28	5.6%	5.6%
	1000 万 ~ < 3000 万元	134	26.7%	32.3%
	3000 万 ~ < 1.5 亿元	164	32.6%	64.9%
	1.5 亿 ~ < 3 亿元	94	18.8%	83.7%
	3 亿元及以上	82	16.3%	100.0%
业务范围	本市	19	3.8%	3.8%
	本省	25	5.0%	8.8%
	本省及周边省	94	18.8%	27.6%
	全国	290	57.7%	85.3%
	跨国	74	14.7%	100.0%
主营业务（可多选）	运输	401	79.9%	
	装卸	248	49.5%	
	流通加工	146	29.2%	
	包装	220	43.9%	
	货运代理服务	280	55.8%	
	仓储	295	58.9%	
	配送	361	72.1%	
	物流信息技术	213	42.6%	
	物流咨询、设计	176	35.1%	
	物流金融	109	21.9%	
	物流地产	65	12.9%	
	供应链一体化服务	111	22.3%	
	综合服务物流企业	175	34.8%	

二、探索性因子分析

使用 SPSS 22.0 软件对数据进行分析的结果如下，样本的初始 KMO 值等于 0.949，Bartlet 球形检验卡方值等于 6161.300，自由度等于 496，显著性水平为 0.000，拒绝了单位相关矩阵的原假设，样本中存在共同因素可以继续因子分析。抽取因子个数选择特征根大于 1 方式。采用主成分法对因子进行提取，采用最大方差法对数据进行旋转，结果显示共抽取 6 个因子。将量表中同时在 2 个以上因子载荷中均大于 0.5 或者自成一个因子的不合格条目删除，所以剔除了社会关系稳定性第 1 题、物流协作异质性第 1 题、物流协作韧性第 1 题、市场规模第 4 题，共 4 个题项。剔除因子后再进行探索性因子分析，KMO 值与 Bartlett 球形检验的结果见表 3-4。累积方差解释率等于 67.267%，共抽取了 5 个因子。修正后的量表所有测量题目因子载荷均大于 0.5，没有发现因子载荷平均分布的题目。LSSC 五种子网络探索性因子分析结果见表 3-5。

表 3-4　LSSC 五种子网络的 KMO 值与 Bartlett 球形检验的结果

KMO 取样适当性测量值		0.938
Bartlett 球形检验	近似卡方值	10208.846
	自由度	378
	显著性水平	0.000

表 3–5　LSSC 五种子网络探索性因子分析结果

变量	维度	测量题项	因子 1	因子 2	因子 3	因子 4	因子 5
声誉网络	范围	企业享有良好的声誉，愿意与企业合作的伙伴很多	0.721				
		目前企业的合作者是因为企业声誉良好才与企业合作的	0.659				
		与其他企业相比，企业声誉得到了更多同行、客户的认可	0.753				
	稳定性	企业在与合作伙伴的业务交往中能够遵守、履行合同	0.781				
		如果企业有新的合作业务，首先会考虑现有的合作伙伴	0.795				
		交往中发生摩擦时，企业首先考虑的是双方的利益	0.782				
		企业坚持双方的长期关系比眼前利益更重要	0.818				
社会关系网络	紧密性	企业家与其他企业和非企业组织领导的非正式交流非常频繁		0.684			
		企业家与其他企业和非企业组织领导交往了三年以上		0.691			

续表

变量	维度	测量题项	因子 1	因子 2	因子 3	因子 4	因子 5
社会关系网络	紧密性	企业家与其他企业和非企业组织领导的社会关系非常紧密		0.760			
	稳定性	企业家相信其他企业和非企业组织领导能够履行诺言		0.729			
		遇到困难时，企业家与其他企业、政府、金融机构、科研院所相关负责人相互帮助		0.751			
物流创新网络	范围	其他企业的一项新技术或物流服务创新项目能很快被本企业获知并熟悉			0.671		
		其他企业能够很快知道并熟悉本企业的某项新发明或物流服务创新项目			0.745		
	稳定性	客户、分包商会主动与企业就物流服务的相关问题进行沟通，并给出具体意见			0.685		
		许多物流服务完善的意见来自客户			0.611		
		企业容易从科研院所获得物流新知识、新技术			0.727		

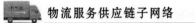
续表

变量	维度	测量题项	因子1	因子2	因子3	因子4	因子5
物流协作网络	异质性	企业力图做强、做精自己的专长				0.533	
		企业专注于自己的专长，并与不同专长的企业合作				0.555	
	韧性	企业应对来自市场的突发事件的能力非常强				0.701	
		企业可以根据竞争对手的情况灵活应变				0.723	
		企业会根据市场环境的变化及时调整产品或服务功能				0.749	
市场信息网络	规模	本企业比同等规模的企业有更多有业务联系的客户和分包商					0.650
		本企业比同等规模的企业有更多物流功能相同的互补或竞争企业					0.631
		本企业比同等规模的企业建立了更多与客户、分包商的业务联系					0.514

续表

变量	维度	测量题项	因子 1	因子 2	因子 3	因子 4	因子 5
市场信息网络	稳定性	客户、分包商对企业物流服务或产品质量做出好评					0.626
		企业能够及时地为客户、分包商提供技术支持					0.542
		企业与客户和分包商之间有着较好的合作关系					0.558
特征值			13.098	2.000	1.485	1.195	1.057
方差解释率			46.778%	7.143%	5.304%	4.268%	3.775%
累计方差解释率			46.778%	53.921%	59.225%	63.493%	67.267%

三、信度检验

首先分析了 LSSC 网络的 5 个维度和总量表的 α 系数，结果显示社会关系网络、物流协作网络、市场信息网络、物流创新网络、声誉网络 5 个维度的 α 值依次为 0.902、0.794、0.858、0.857、0.938，总体的 α 值为 0.955，达到信度要求。所有题项的总体相关系数都大于 0.35，并且 5 个变量的 Cronbach's α 均大于 0.7，证明样本数据具有较好的一致性，信度检验通过。LSSC 各子网络的信度检验如表 3-6 所示。

表 3-6 LSSC 各子网络的信度检验

二阶维度	一阶维度	题项	CITC	删除该题项后的一致性指数	Cronbach's α
社会关系网络	社会关系紧密性	SHJM1	0.754	0.881	0.902
		SHJM2	0.753	0.882	
		SHJM3	0.771	0.878	
	社会关系稳定性	SHWD2	0.758	0.881	
		SHWD3	0.746	0.883	
物流协作网络	物流协作异质性	XZYZ2	0.405	0.802	0.794
		XZYZ3	0.486	0.793	
	物流协作韧性	XZRX2	0.694	0.713	
		XZRX3	0.702	0.712	
		XZRX4	0.628	0.742	
市场信息网络	市场网络规模	SCGM1	0.544	0.855	0.858
		SCGM2	0.488	0.873	
		SCGM3	0.738	0.819	
	市场网络稳定性	SCWD1	0.762	0.814	
		SCWD2	0.712	0.824	
		SCWD3	0.742	0.819	
物流创新网络	物流创新规模	CXFW1	0.708	0.819	0.857
		CXFW2	0.734	0.812	
	物流创新稳定性	CXWD1	0.707	0.820	
		CXWD2	0.589	0.849	
		CXWD3	0.640	0.838	

续表

二阶维度	一阶维度	题项	CITC	删除该题项后的一致性指数	Cronbach's α
声誉网络	声誉网络范围	SYFW1	0.815	0.928	0.938
		SYFW2	0.699	0.939	
		SYFW3	0.833	0.926	
	声誉网络稳定性	SYWD1	0.817	0.927	
		SYWD2	0.830	0.926	
		SYWD3	0.805	0.928	
		SYWD4	0.800	0.929	

组合信度是对潜在变量的内部一致的测量，Fornell 和 Larcker[177] 建议 CR 值大于 0.6。经测量，社会关系网络、物流协作网络、市场信息网络、物流创新网络、声誉网络 5 个维度的 CR 值分别为 0.8458、0.7897、0.7599、0.8184、0.9051，均高于 0.6。可见，本研究具有较高的内部一致性。

四、相关性分析

变量存在相关性是进行结构方程模型分析的前提，因此，在利用 AMOS 21.0 构建结构方程模型前，先对结构方程中所涉及的所有变量进行相关性分析，分析结果如表 3-7 所示。通过表 3-7 可以看出，LSSC 各子网络类型之间存在显著的正相关关系，这初步预验证了本研究假设，后文将采用结构方程模型对 LSSC 子网络之间的影响机制做更为精确的分析和讨论。

表 3-7　LSSC 各子网络的相关性分析

项目	社会关系网络	物流协作网络	市场信息网络	物流创新网络	声誉网络
社会关系网络	1				

续表

项目	社会关系网络	物流协作网络	市场信息网络	物流创新网络	声誉网络
物流协作网络	0.560**	1			
市场信息网络	0.669**	0.615**	1		
创新网络	0.650**	0.497**	0.673**	1	
声誉网络	0.582**	0.609**	0.694**	0.599**	1
均值	3.6753	3.8142	3.7470	3.6331	4.0684
标准差	0.67258	0.60745	0.59956	0.61162	0.63626

** 表示在 0.01 水平（双侧）上显著相关。

五、验证性因子分析

利用 AMOS 21.0 对 LSSC 子网络进行验证性因子分析，为简化模型将子维度中测量角度相同的题项打包[178]，结果如图 3-3 所示。模型拟合指数如下：χ^2=125.393，df=39，χ^2/df=3.215，RMSEA=0.051，GFI=0.960，CFI=0.981，IFI=0.981，NFI=0.973，各 LSSC 子网络的题目载荷 T 值均大于 1.96，显著性 P<0.001，说明各 LSSC 子网络具有较高的收敛效度，各因子能够对变量进行较好的表示。T 值均通过了显著性检验（T>1.96，P<0.001），5 个因子的标准化系数在 0.66 ~ 0.92 之间。依据 Fornellt 和 Larcker[177] 的研究，变量是否具有较好的收敛效度，取决于所有题项的标准化载荷值是否均大于 0.5 且显著，由此可以判断本实验中的潜变量收敛效度较高。

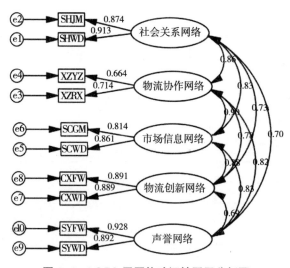

图 3-3　LSSC 子网络验证性因子分析图

表 3-8　LSSC 子网络验证性因子分析拟合结果

路径	标准化路径系数	C.R.	*P*
SHWD ← 社会关系网络	0.913		
SHJM ← 社会关系网络	0.874	25.562	***
XZRX ← 物流协作网络	0.714		
XZYZ ← 物流协作网络	0.664	13.535	***
SCWD ← 市场信息网络	0.861		
SCGM ← 市场信息网络	0.814	22.123	***
CXWD ← 物流创新网络	0.889		
CXFW ← 物流创新网络	0.891	24.396	***

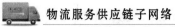

续表

路径	标准化路径系数	C.R.	P
SYWD←声誉网络	0.892		
SYFW←声誉网络	0.928	27.645	***
χ^2　125.393	CFI		0.981
df　39	TLI		0.972
χ^2/df　3.215	RMSEA		0.051

*** 表示显著性水平 $P<0.001$。

本章小结

　　根据资源类型的不同，本书将 LSSC 网络划分为社会关系网络、物流协作网络、市场信息网络、物流创新网络、声誉网络。通过开发量表、收集数据、EFA 分析和 CFA 分析，得到正式量表共计 28 个题目。其中，社会关系网络从社会关系稳定性和紧密性方面进行测量；物流协作网络从协作关系异质性和韧性方面测量；市场信息网络从市场信息规模和稳定性方面测量；物流创新网络从创新范围和稳定性方面测量；声誉网络从声誉范围和声誉稳定性方面测量。研究结果显示，量表具有较高的信度和效度，较好地反映了 LSSC 网络的内涵。

第四章 LSSC子网络对LSI绩效影响的探索性案例研究

通过第二章文献梳理及第三章 LSSC 子网络划分及测度研究，我们对 LSSC 网络的构成及类型、网络能力的构成、LSI 成长绩效等内容有了初步了解，但是有关 LSSC 子网络间相互关系、LSSC 子网络对 LSI 成长绩效的影响以及网络能力对该过程的影响还不确定。本章将以前面各章节的研究为前提，以 4 家具备 LSI 特征的物流集成企业为研究对象，进行探索性案例分析。通过对案例企业的纵向分析和企业间横向比较，构建 LSSC 子网络间关系、LSSC 子网络、网络能力与 LSI 成长绩效的初始概念模型。

第一节 案例研究步骤

Eisenhardt[179] 提出的案例研究八个步骤，实用性强，容易实现，受到学者们的一致认可和应用。案例研究的步骤顺序如下：

（1）对所研究的问题进行定义，在相关理论背景下提出理论问题，为下文的案例分析提供基准和依据。

（2）案例选择。根据理论预设选择符合要求的一个或多个企业作为研究对象进行案例分析。

（3）在进行正式的现场数据收集之前，先从多角度对案例信息进行了解，数据收集途径多样化，并通过不同来源数据进行对比和印证，使后续假设命题的提出依据更充分。

（4）对案例开始正式的现场数据进行收集和分析。

（5）对案例企业进行数据分析。首先根据理论预设对案例企业内各项相关情况进行概括和分析，然后对案例企业之间各项数据进行横向比较，形成初步理论假设。

（6）形成初始理论假设。通过对案例企业相关情况的对比分析，归纳其共同点，为理论假设的提出寻找依据。

（7）将提出的初始假设命题与现有研究进行对比。

（8）完成分析后，案例研究结束。

第 二 节　研 究 设 计

一、理论预设

案例研究需要在理论指导下进行，通过理论背景介绍，明确案例分析的问题，对案例企业资料和数据进行分析性概括，提高案例研究的有效性。因此，首先对本研究相关理论背景进行介绍。

网络资源观认为，企业间网络中存在可以利用的资源，企业可以通过合作伙伴获得信息和资源，为企业带来竞争优势[15]。LSSC 网络就是物流企业获得资源的外部网络，是以 LSI 为核心企业、单一或复合物流服务分包商与客户等通过物流协作形成的网状结构[121]。从网络属性角度对 LSSC 网络进行分析，LSSC 网络可以分为关系属性和结构属性[26]。但是目前的研究没有对 LSSC 网络进行细分，本研究根据资源类型将 LSSC 网络划分为社会关系网络、市场信息网络、声誉网络、物流创新网络和物流协作网络，并在此基础上探讨各子网络之间的相互关系。

对于 LSSC 网络对物流企业绩效的影响，有研究表明 LSSC 的整体运营绩效会受到 LSSC 网络中各节点企业间的能力合作的重要影响[180]；从服务供应链的视角来看，物流服务绩效会受到供应链中信息流、知识、技能和现金流等的影响，即企业需要具备对网络资源管理的能力[181]。

核心企业 LSI 与 LSSC 网络中其他节点企业相比，在外部资源整合利用和协作方面经验更丰富，LSI 可以鼓励其他节点企业共享关键资源，协调物流能力配置，推动整体物流能力的增强，它们之间可以通过信息共享、协同计划建立起更加紧密的组织间关系，通过整合实现物流能力的互补与协作，实现收益共享[182]。

这些研究都证明了 LSSC 网络对物流企业绩效会产生积极的影响，LSI 作为核心企业具备对 LSSC 网络中资源协调配置的网络能力。但是 LSSC 子网络如何促进 LSI 成长的作用机制并未研究清楚。本研究利用网络能力分析 LSI 从 LSSC 网络中获取资源促进企业成长的动力机制（图 4-1）。接下来的探索性案例研究汇总，将以该框架作为指导，对案例企业相关数据和资料与理论框架模型进行对比，并在此基础上提出本书的理论假设。

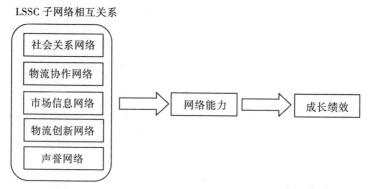

图 4-1　LSSC 子网络对 LSI 成长作用机制理论初设

二、案例选择

本书采用多案例研究方法，因为多案例分析的优点在于多个案例数据能够为研究结论进行多次验证和支持，能够更好地提高研究效度[179]，增加研究结果的普适性[183]。

根据多案例研究中案例对象个数选取的建议[179,184]，本书选取四家企业作为研究案例，借鉴刘雪峰[185]、许冠南[186]、范志刚[187]选择案例研究对象的基本原则，案例企业必须满足下列几点要求：

（1）在我国从事物流经营活动的物流企业，也包括外资物流企业。因为本书主要是对国内物流企业的发展情况进行的研究，因此，对物流企业类型做了如上要求。

（2）具有 LSI 的典型特点，有一定的物流业务外包比例，在行业内有着较高的声誉和品牌，有长期合作的生产经营性企业作为其大客户，有着统一的物流服务标准和丰富的物流服务集成经验，具有很强的信息管理能力。

（3）物流从业时间 3 年以上，以确保能通过案例企业获得有关 LSSC 各子网络、网络能力与 LSI 成长绩效的数据。

（4）所选择的案例企业必须具有物流行业的代表性，尽量包含多种类型的物流企业。

（5）在兼顾信息可获得性和企业的典型性前提下，为降低案例研究成本，并保证案例信息的丰富性，本研究的案例企业并非随机选择，而是选择具有一定代表性的能够反映 LSSC 网络对其成长影响的物流集成型企业。

（6）为了对初始理论预设进行多重论证和检验，选取在 LSSC 网络类型、网络能力和 LSI 成长绩效等方面表现具有一定差异性的企业。

三、数据收集

本研究主要通过以下四种途径对案例企业数据进行收集：

（1）进入企业开展半结构化深度访谈。以访谈作为案例数据的主要收集途径。对企业高层或相关部门主管就调研问题进行深度访谈（访谈提纲见附录 1），访谈时长为 2 ~ 3 小时。除了现场访谈以外，为了对信息进行整理和核对以使数据更加准确，还会通过电话或回访方式进行多次沟通。

（2）收集企业档案文件或网上公开信息，对企业有关合作伙伴、合作方式及内容、企业发展战略等方面的资料进行整理，对案例企业的背景材料进行更全面的了解。

（3）现场参观企业的相关部门，了解企业物流运作的实际情况，对企业进行直接观察。

四、数据分析方法

根据案例研究的基本步骤，本研究将针对 LSSC 子网络发展情况、企业网络能力以及 LSI 成长绩效等方面问题进行案例内分析和案例企业之间的横向对比。在对每个案例企业进行分析时，本书采用分析性归纳方法，对现有理论进行提炼和深化[185]。

该方法的具体实施路径如下：①对所要分析的问题或现象进行界定；②根据现有理论研究基础提出问题假设；③对某案例进行分析，验证假设的合理性；④当案例情况与理论假设不一致时，对假设和之前对问题的界定重新进行检验和修正，并将此案例排除；⑤对多个案例逐一进行以上分析步骤，使提出的理论假设获得多重印证并逐步稳定；⑥对提出理论假设的实用性和普遍性进行验证[185]。

具体来说，首先利用分析性归纳法对每个案例的 LSSC 子网络、网络能力和 LSI 成长情况进行案例内分析，将分析结果与预设理论进行对比和修正，然后对案例企业进行横向对比，确定 LSSC 子网络、网络能力与 LSI 成长间关系，得到初始假设。

第三节　案例企业简介

根据前文所述本研究选择案例企业的要求，确定了四家企业作为研究对象。企业基本情况如表 4-1 所示。根据惯例，在此隐去受访企业名称，用字母代替。

表 4-1　探索性案例研究企业简介

企业名称	成立时间	企业性质	主营业务	优势	覆盖范围
ZM 公司	1994 年	合资	冷链物流、汽配物流、电商物流、商贸物流、供应链金融	冷链	全国
JS 公司	1994 年	民营	快递、仓储、供应链金融、定制化物流解决方案、国际物流	配送、仓储、IT	全国
AD 公司	2000 年	中外合资	整车快运、零担快运、仓储、配送、智能云仓、同城配送、送装一体冷链物流、电商物流、国际物流、采购物流、家居物流	运输	全国
TH 公司	2013 年	民营	第四方物流平台、全国物流园区网络化经营管理	物流平台	全国

一、ZM 公司

ZM 公司从 1994 年成立至今的 20 余年内，从单一的运输服务提供商逐步转型升级，在保持企业核心竞争力的同时，发展综合物流业务，成为具备一定实力的第三方综合物流服务企业。目前，ZM 公司自有车辆百余台，公路运输业务年销售额达 1 亿元以上，业务范围主要包括冷链物流、汽配物流、电商物流、商贸物流、供应链金融等，合作伙伴从上海到华东地区并扩展至全国，甚至包括多家海外企业。ZM 公司与合作企业结成战略联盟，发展长期稳定的合作关系，促进企业自身的飞速发展。在服务质量管理方面，ZM 公司不断学习先进物流管理知识，通过了 ISO 9001/2000 国际质量认证，使企业物流服务水平和公司整体管理能力逐步得到提高，并获得由上海市陆运管理处评选的"运输行业首批服务达标企业"。

二、JS 公司

JS 公司目前以快递业务被各界熟知，实际上 JS 公司早在 1994 年便以项目物流起家，早期已经积累了集成物流服务的经验，可以实现仓储、分拣、包装、配送等一体化综合物流服务。在项目物流的发展初具规模以后，2007年，JS 公司抓住电子商务飞速发展的商业契机，开始了快递业务网络的布局。目前，JS 公司的快递网络已经覆盖全国 4500 个包括县、乡级网点的多级综合服务网络，有着丰富的 B2C 快递业务服务经验。在国内快递企业竞争日益激烈的情况下，2012 年，JS 公司开始提供国际快递服务，将服务网络拓展至全球 220 多个国家和地区。2015 年，JS 公司将发展战略调整为"为品牌商提供线上线下一站式综合物流服务"，将企业定位为综合物流服务提供商，主要服务对象为互联网经济中涉及的各渠道客户，将网络中的物流、信息流、商流、资金流等进行有效整合，提升企业的综合物流服务能力。JS公司物流网络覆盖全国 2000 多个城市和地区；在全国范围共设立 7 个物流基地、42 个航空口岸、40 个运转中心，配送中心面积共计 75000 平方米，公路货运班线 620 条，空运航线 360 条，近 1500 个航班，依托成熟的快运平台，每年进出港货物逾亿件。2012 年，JS 公司被中国交通运输协会评为"中国快运 50 强企业"，并被中国电商物流大奖评审组委会评为"年度优秀物流服务商"。

三、AD 公司

AD 公司作为一家 5A 级物流企业，创建于 2000 年 1 月，注册资金 6.765

亿元，拥有遍及全国的 28 家分公司及 2 家冷链物流、国际物流专业公司。AD 公司从事采购物流、生产物流、销售物流、逆向物流领域，针对家电企业、快消品企业、汽配企业、电子通信企业及医药化工等企业，提出行业解决方案，提供高效仓储、快准运输、精益配送服务；通过大数据建模，对有需要的客户提供仓储运配网点规划、多站式运输线路规划等咨询服务。AD 公司是国家认定的企业技术中心，在全国物流网点布局广泛，仓储面积总数超 500 万平方米，可调用车辆总数 8.6 万辆；除西藏、青海部分地区，最后一公里已覆盖全国所有乡镇；与中国国家铁路集团有限公司形成总对总战略合作关系，形成公、铁、海、空多式联运优势；公司投入巨资，研发大物流管理信息系统，实现物流过程的全程可视化管理，借助传统物流服务优势与管理经验，积极拓展电商物流网络覆盖渠道、冷链物流产品体系以及国际物流的业务规模；公司积极创新，研发车货匹配平台直通宝和物流金融产品直融宝两大创新产品；构建线上线下端到端的立体化服务网络。AD 公司"以客户为中心"实行项目制管理、扁平的组织结构，高效快速满足客户需求。

AD 公司具备较强的物流集成能力，将自有运力与公路、铁路、航空、海运的运输资源进行整合，通过多种运输方式联合实现物流最佳运营方案，通过先进的信息集成系统与高效的企业间协调机制，满足客户需求，为物流需求方提供最优的物流服务方案，为企业降低物流成本，提高物流服务效率，实现货运量的持续增长。

四、TH 公司

TH 公司成立于 2013 年。虽然成立时间较短，但是得益于前期成功的经验和积累，TH 公司在短期内取得长足发展，呈现超常规的发展势头。TH 公司以平台经济模式为背景，定位于发展第四方物流平台，通过整合全国物流园区网络，将各种物流要素进行集聚，努力发展成为"生态型公路港网络化经营领导者"，以标准化服务流程为基础，利用互联网技术、移动信息技术对传统的物流行业进行改造，通过云数据服务实现先进的线上物流数据服务，并以线下物流园区网络为支撑，形成虚拟与实体相结合、立体的物流平台，为物流需求方提供信息交流、支付结算、保险理赔、金融服务等全方位的服务，进而促进传统物流企业向网络化、信息化、标准化、集约化和互联网化方向转型升级，提升社会整体物流效率，降低物流成本，助力经济发展。迄今为止，TH 公司已经和超过 30 个全国物流枢纽城市的合作伙伴结成战略和业务合作，整合了超过 200 亿元的园区资产，近万亩的物流园园区，集聚了线下 400 亿元的物流资源，遥遥领先于其他相似的企业，成为目前我国资源集聚最丰富、网络规模最大、覆盖范围最广的公路港物流平台。2016 年 12 月底，TH 公司平台交易额突破 600 亿元，已签约园区 59 个，其中投入运营的有 32 个，覆盖城市 50 个，企业会员 21000 家，活跃司机会员 310000 个，运输货量达 1.5 亿吨。

第四节　案例内分析

一、LSSC 子网络

　　LSSC 子网络共包括社会关系网络、物流协作网络、市场信息网络、物流创新网络和声誉网络五种类型。本研究案例企业 LSSC 各子网络发展情况如表 4-2 所示。

表 4-2　案例企业 LSSC 各子网络发展情况

子网络	ZM 公司	JS 公司	AD 公司	TH 公司
社会关系网络	与其他企业及非企业组织保持长期友好关系	与其他企业负责人的私人关系一般，以业务合作为主	企业高层间的合作密切，并长期保持良好关系	企业将合作视为核心战略，视每个合作企业为朋友

续表

子网络	ZM 公司	JS 公司	AD 公司	TH 公司
物流协作网络	坚持长期合作、互利共赢的理念，维护企业信誉	重塑加盟商关系，将加盟商视为自己的家人，帮助谈客户、提供产品，资源开放，帮助加盟商伙伴转型	企业有 50% 的外调车和租赁仓库，车辆调度需要合作伙伴高度协作，关系密切	始终坚持开放、分享、合作、共赢的文化，愿意和全国有志于物流实业与公路港模式的企业家和投资人进行形式多样、互利共赢的合作，打造公路港全国网络平台
市场信息网络	先进信息运输管理系统、仓储系统、车辆调度系统；易流网全程 GPS 跟踪温度及地理位置	建立宅商宝商家 ERP 管理系统，帮助商家实现业务管理功能并与 JS 公司系统无缝对接，共享物流信息，实时掌握物流进展，并通过呼叫中心、官方网站、公众号等为终端客户提供满意的沟通咨询服务	自主研发"直通宝"，利用 GPS 实现对货物的实时在途信息掌握，并能够与司机实现短信电话等信息沟通功能；"以客户为中心"，实行项目制管理、扁平的组织结构，高效快速满足客户需求	以"云物流服务 + 云数据服务"为核心，开发了天地卡航货运快线管理系统、U 卡物流交易结算平台、天地优汇物流电商交易平台等，使物流信息更加透明，物流交易更加便利
物流创新网络	设立"现代物流研究所""培训中心""实训基地"，为企业成为"领先的专业供应链解决方案集成商"提供创新动力	先后与哈尔滨商业大学、北京工商大学、北京物资学院等多家院校合作，设立奖学金，共同培养行业人才；此外，还与多家职业技术学校建立合作关系，作为物流实习基地	公司投入巨资，研发大物流管理信息系统，实现物流过程的全程可视化管理，公司积极创新，研发车货匹配平台直通宝和物流金融产品直融宝两大创新产品；构建线上线下端到端的立体化服务网络	创新发展物流平台模式，通过整合物流园区，以云数据为物流信息服务提供技术支持，以标准化流程和服务为基础，打造全方位、立体化的 O2O 物流平台生态圈

续表

子网络	ZM 公司	JS 公司	AD 公司	TH 公司
声誉网络	公司依靠不断壮大的核心业务，已经与包括光明乳业、达能集团、百盛集团、上汽集团等多家知名企业建立稳固的合作关系	与服装、3C、医药、食品、乳业、直销、家购和金融行业的知名企业保持长期合作关系	与中国国家铁路集团有限公司形成战略合作关系，形成公铁海空多式联运优势；为将近 500 家企业提供物流服务，含 11 家世界 500 强企业，与美的、TCL、乐百氏、旺旺、伊利、娃哈哈、可口可乐等众多客户结成战略合作伙伴	TH 公司智慧物流平台汇聚大量的物流企业、货主企业与社会车辆资源；TH 公司与相关行业合作伙伴达成战略合作，在诸如轮胎、汽配、保险、油卡、托盘、叉车等方面提供十分优惠的统一便捷服务

二、网络能力

网络能力可以从四个方面进行考察，具体包括：网络愿景能力，企业寻找合作伙伴、评估自身能力并进行网络定位的能力；网络构建能力，企业开发、发展、学习和管理网络的能力；网络管理能力，针对企业二元关系的交流、优化及协调，是其他三种能力的基础；网络组合能力，企业组织、整合和重构各种关系组合，进行资源整合的能力。案例企业网络能力发展情况如表4-3所示。

表4-3　案例企业网络能力发展情况

网络能力	ZM公司	JS公司	AD公司	TH公司
网络愿景能力	以冷链为特色的全球领先一体化供应链解决方案提供商	致力于成为中国最有价值的综合物流服务商,为品牌商提供线上线下一站式综合物流服务	为顾客提供包括多样化运输服务、全国范围内的仓储服务和广泛的区域配送网络在内的一体化的物流服务	引领中国物流管理模式,打造千亿级规模的开放式"物流淘宝"平台
网络构建能力	组建冷链物流战略联盟,并以信息平台统一各方信息,实现更好的合作与共赢	构建企业在未来全渠道中的上游控货能力,以三个一体化建设(快递快运一体化、云仓网络一体化、订单数据一体化)构建全渠道线上线下一站式综合物流服务	在国内大中城市已拥有160多个物流服务平台,结成高效的物流网络,为客户提供快准运输、高效仓储、精准配送、冷链物流等一体的综合物流服务	以物流园区为切入口,通过天网、地网融合渠道,扶持所整合园区内的专线物流企业,提升其竞争力,帮助专线物流企业做好、做强;通过天网+地网线上线下融合的模式,整合专线物流企业资源,提高公路物流集约化程度

续表

网络能力	ZM 公司	JS 公司	AD 公司	TH 公司
网络管理能力	供应商与 ZM 公司纵向协同，公司直接介入供应商生产过程，保证供应商商品质量；供应商、经销商、零售商与 ZM 公司通过 ERP 系统的 EDI 对接，实现信息完全公开	以先进的 IT 服务能力和完善的客户服务体系为保障，使客户实时掌握物流进展，使企业间交流更通畅，更有效	根据客户的个性化物流需求，结合企业的物流实际，AD 公司为客户提供全面物流服务及定制化的系统物流解决方案	平台构建需要与合作伙伴保持良好的合作关系，如与亚邦合作共同实现园区互联网化，以园区为切入点构建物流平台
网络组合能力	为了降低流通成本，减少经营风险，对联盟企业的冷链物流设施开展集约化运作，将冷链物流资源配置进行优化，实现联盟企业的互利共赢	以仓储、IT 为核心进行布局和发力，在环节资源配置中以整合为重要手段，整合分销物流、分销仓整合、最后一公里普遍性服务等资源	通过对公路、铁路、航空、水运资源的整合并与企业自身运输能力相结合，实现多种运输方式的最优组合方案	通过园区网络与物流信息化实现虚实结合的物流平台，平台企业通过对实体、物流服务和需求等资源的结合，实现物流服务能力的集成，不断降低物流成本，实现社会效益的最大化

三、企业成长绩效

案例企业的成长绩效用销售额、利润、员工人数等的增长情况来测度。案例企业成长绩效情况如表 4-4 所示。

表4-4 案例企业成长绩效情况

公司名称	成长绩效
ZM 公司	销售收入增长 25% 左右，雇员增长 45% 左右，净利润增长 25% 左右
JS 公司	近三年平均销售收入、平均雇员增长率和净利润增长率均在 10% 左右
AD 公司	近三年平均销售收入增长率 25% 左右，5A 级物流企业，除西藏、青海部分地区，最后一公里已覆盖全国所有乡镇
TH 公司	2016 年 TH 公司平台交易额突破 600 亿元，同比增长 440%，营业收入增长 5 倍，平台会员数量、活跃司机数量、覆盖城市、网络园区数量、平台流量、运输货量等各项数据领先同行

第五节 多案例间比较研究

通过案例内分析，本研究对案例企业在 LSSC 子网络、网络能力和成长绩效三个方面的表现进行了详细的描述，如表 4-2 至表 4-4 所示，四家企业均为拥有各自优势以及服务特点的 LSI。为了在不同案例间进行清晰的比较，本研究对四家案例企业在 LSSC 子网络、网络能力和成长绩效的表现进行了评判和编码，依次为很差、差、较差、一般、较好、好、很好。在根据文字资料对案例进行初步编码的基础上请访谈对象及行业专家对编码进行审核和修正，结果如表 4-5 所示。

表4-5 案例企业 LSSC 子网络、网络能力与成长绩效比较列表

企业名称	社会关系网络	物流协作网络	市场信息网络	物流创新网络	声誉网络	网络能力	成长绩效
ZM 公司	一般	较好	一般	较好	好	较好	较好
JS 公司	较差	一般	较好	一般	较好	一般	一般
AD 公司	好	好	很好	好	好	好	好
TH 公司	很好	很好	好	很好	好	很好	很好

一、LSSC 子网络间相互关系

LSSC 各类子网络间会产生重叠和相互影响，同一关系可能会包含不同类型的资源，不同类型资源网络之间也会相互促进或影响。本研究中四家案例企业 LSSC 各类子网络间相互影响如表 4-6 所示。

表 4-6　案例企业 LSSC 各类子网络间相互影响

公司名称	对其他子网络的影响				
	社会关系网络	物流协作网络	市场信息网络	物流创新网络	声誉网络
ZM 公司	帮助企业获得市场信息、创新知识、影响企业声誉	影响企业声誉、获取市场信息和创新学习	会受到社会关系影响，需要企业间相互协作	受到社会关系、协作关系的影响，通过企业学院学习行业动态，为企业发展战略提供有效支持	初期社会关系和合作伙伴的长期合作为企业带来更高声誉
JS 公司	有利于企业声誉和获得市场信息	影响市场信息获取	会受到社会关系和企业间协作的影响	主动利用社会关系、协作关系网络发现并学习和吸收创新知识	企业与众多知名企业合作的物流经验证明了企业在物流服务方面的能力，得到了业界的广泛认可
AD 公司	影响企业声誉和创新知识的学习	影响企业声誉	自主研发信息系统，不需要协作	通过企业自身创新能力的提高，形成核心竞争力	经过社会关系积累和优秀的协作经历，为企业带来了更好的声誉
TH 公司	影响企业创新、声誉和市场信息网络的发展	影响企业声誉、创新和市场信息网络	受到社会关系、协作的影响，合作关系非常重要	打破传统物流模式，创新物流服务，需要各方协同和合作	通过创新的物流模式为企业带来声誉，吸引更多企业加入平台，并帮助企业获得更多的信息

受访人员认为五种子网络中社会关系网络和物流协作网络处于基础地位，对其他子网络的构建和优化起到重要作用。因为"在企业构建网络之初，社会关系起到非常大的作用"，"在我国的人情社会中，社会关系有时会对业务选择起到关键作用"，"协作关系的好坏会影响物流整体运作效率"。因此，为了便于分析，使假设更简洁，根据访谈结果选取社会关系网络和物流协作网络为基础，分析它们对其他三种 LSSC 子网络（市场信息网络、物流创新网络及声誉网络）的影响，并分析市场信息网络、物流创新网络和声誉网络之间的关系。具体内容如下：

对于社会关系网络对其他子网络的影响，四家企业都认为企业业务关系中无法避免社会关系的影响，"社会关系能够帮助企业获得某些重要的市场信息"，"社会关系会促进企业声誉网络的发展"，"社会关系也能够帮助企业在创新服务方面获得发展"，企业家通过行业协会、同业会议等机会建立社会关系，能帮助企业发展市场信息网络、扩大声誉以及学习最新的创新业务模式。

物流协作网络在 LSSC 网络中也承担着重要的作用，JS 公司的宅商宝商家 ERP 管理系统，帮助商家实现业务管理功能并与 JS 公司系统无缝对接，共享物流信息，实时掌握物流进展，这也充分证明了协作促进物流信息更加透明的重要性。TH 公司认为仅关注线上物流的发展是远远不够的，线下的物流企业间协作对降低物流成本、提高物流效率和整体盈利水平都非常重要，而 TH 公司的平台模式帮助企业之间建立了信任，促进了企业之间的协作，对物流行业整体物流成本的降低有着非常重要的意义，平台模式下的企业间协作促进了物流行业不断探索创新业务模式。同时 TH 公司认为自身在创立平台时，合作企业间的强强联合也提升了本企业的知名度。

显而易见，TH 公司的成功，在一年时间内平台交易额由 50 亿元上升为 600 亿元的飞速发展，证明了物流模式创新对物流企业突破传统思路转型升级有着重要作用。物流创新能够显著地提高企业的声誉。TH 公司获得 2014 年中国物流创新奖，得到党和国家领导人的肯定和政府的大力推广，并为业界广泛认同和效仿。

声誉网络的扩大也会提升企业发展平台，为企业发展带来更多的信息渠道，促进市场信息网络的发展。因此，本研究提出以下命题：

命题 1（H1）：社会关系网络会显著正向影响市场信息网络发展。

命题 2（H2）：社会关系网络会显著正向影响声誉网络的发展。

命题 3（H3）：社会关系网络会显著正向影响物流创新网络的发展。

命题 4（H4）：物流协作网络会显著正向影响市场信息网络的发展。

命题 5（H5）：物流协作网络会显著正向影响声誉网络的发展。

命题 6（H6）：物流协作网络会显著正向影响物流创新网络的发展。

命题 7（H7）：物流创新网络会显著正向影响声誉网络的发展。

命题 8（H8）：声誉网络会显著正向影响市场信息网络的发展。

LSSC 子网络间关系理论模型如图 4-2 所示。

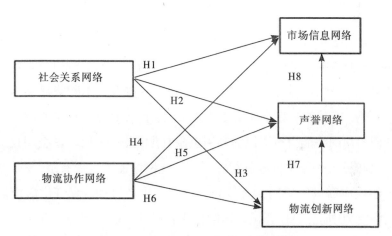

图 4-2　LSSC 子网络间关系理论模型

二、LSSC 子网络与成长绩效

在本研究的预设模型中，提出 LSSC 子网络对物流企业绩效会产生正向影响，这一点在案例研究中也得到了证明。

LSSC 网络中蕴含了社会关系、物流协作、市场信息、物流创新和声誉等多种资源网络，LSI 需要调动外部网络中的各种资源促进自身发展，这些

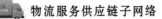
资源越多越能够促进企业的发展。案例企业均有不同比例的业务外包，没有完全的自营，都利用外部资源促进自身物流能力的提升。例如，AD 公司和 TH 公司 LSSC 各子网络发展较好，企业可利用的外部资源较丰富，因此企业的绩效水平较高；而 JS 公司利用网络资源有限，因此绩效处于中下等水平。

然而，不同子网络作用于 LSI 成长绩效的机制不同，并且对于企业发展不同阶段所需要的资源类型有所区别，使得 LSSC 子网络促进 LSI 成长绩效的作用关系非常复杂。因此，本书对 LSSC 子网络总体提出以下初始假设命题，对于各子网络与 LSI 成长绩效的关系有待通过进一步理论梳理得以明确。

命题 9（H9）：LSSC 子网络会对 LSI 成长绩效产生正向影响。

三、LSSC 子网络与网络能力

通过表 4-5 可知，TH 公司在 LSSC 网络中处于中心位置，拥有各类网络资源，并且 TH 公司通过实体平台和信息化虚实结合，通过整合物流资源（物流载体、物流服务、物流需求等）和服务整合，不断降低成本，实现效益最大化，而其他三家企业由于模式不同，拥有的资源没有 TH 公司丰富，因此它们利用网络能力对资源的利用也没有 TH 公司全面。JS 公司仅对公司下游分销和最后一公里资源进行整合，因此网络能力发展有限；ZM 公司则是对上游供应商进行协同，直接介入供应商生产过程，保证供应商商品质量，网络能力中上；AD 公司以运输作为自身的核心竞争力，并不断拓展服务领域，将自身运力与多种运输方式进行结合，实现输运方式的最优化，因此也是根据自身优势发挥了较好的网络能力并获得了较好的绩效。因此，本书基于以上分析提出命题 10（H10）：

命题 10（H10）：LSSC 子网络会对 LSI 的网络能力产生正向影响。

四、网络能力与成长绩效

能够被企业利用的资源，才能够促进企业成长，因此企业从网络中获取资源的网络能力对企业成长有着重要作用。通过表 4-5 可知，四家案例企业网络能力越强，企业的成长绩效越好。JS 公司自建物流能力较强，仓储系统和配送系统均为企业自有，在物流设施方面与其他企业的合作并不多，资源整合能力不强，通过合作获取信息的能力有限，从数据可以看到，其成长绩效也只是一般水平。ZM 公司和 AD 公司网络能力分别是较好和好，其对应的成长绩效也处于较好和好的水平。TH 公司对企业未来的网络定位十分明确——成为 LSSC 网络平台服务集成商，并且构建了非常完善的信息网络、实体物流园网络和班线运输网络，并为网络成员企业提供了非常完善的配套服务，对网络资源进行了全面的整合和利用，因此该企业获得飞速发展。因此，本书提出命题 11（H11）：

命题 11（H11）：LSI 的网络能力会对其成长绩效产生正向影响。

本章小结

本章利用探索性案例研究方法，在相关理论证据下提出理论预设，通过对案例企业的分析，总结出 LSSC 子网络间相互关系；LSSC 子网络、网络能力和 LSI 成长绩效之间的关系的命题。本书认为 LSSC 子网络之间存在相互影响；LSSC 子网络对 LSI 成长绩效有正向影响，并通过网络能力进行传导，LSSC 子网络正向影响 LSI 网络能力，网络能力会影响 LSI 成长绩效，但是网络能力的中介作用，通过该案例分析方法不能确定，本研究将在第六章通过文献综述方法进一步明确。

综上所述，探索性案例研究中可以初步提出 11 个初始命题：

命题 1（H1）：社会关系网络会显著正向影响市场信息网络的发展。

命题 2（H2）：社会关系网络会显著正向影响声誉网络的发展。

命题 3（H3）：社会关系网络会显著正向影响物流创新网络的发展。

命题 4（H4）：物流协作网络会显著正向影响市场信息网络的发展。

命题 5（H5）：物流协作网络会显著正向影响声誉网络的发展。

命题 6（H6）：物流协作网络会显著正向影响物流创新网络的发展。

命题 7（H7）：物流创新网络会显著正向影响声誉网络的发展。

命题 8（H8）：声誉网络会显著正向影响市场信息网络的发展。

命题 9（H9）：LSSC 子网络会对 LSI 成长绩效产生正向影响。

命题 10（H10）：LSSC 子网络会对 LSI 的网络能力产生正向影响。

命题 11（H11）：LSI 的网络能力会对其成长绩效产生正向影响。

第五章 LSSC子网络间相互关系及其对LSI成长绩效影响研究

第三章根据获取资源类型的不同，将 LSSC 网络划分为社会关系网络、物流创新网络、物流协作网络、市场信息网络和声誉网络。第四章对 LSSC 子网络间关系，以及 LSSC 子网络、网络能力与 LSI 绩效的关系进行了探索性案例分析。本章将针对探索性案例分析的第一部分，LSSC 子网络间相互关系及其对 LSI 绩效的影响在理论假设的基础上，进行实证检验分析。

目前学者们主要研究了 LSSC 的网络基本结构及 LSSC 网络价值创造机理及一般规律，对于 LSSC 网络结构的研究，吴结兵[154]认为 LSSC 是成员企业以市场竞争合作关系为纽带所形成的网络。何婵和刘伟[26]运用网络属性思维研究 LSSC，认为可以从结构属性和关系属性两个维度剖析 LSSC 的网络属性。有关 LSSC 网络价值创造的主体，高志军等[121]认为 LSI 在 LSSC 中发挥领导作用，体现出较强的网络组织控制力，协调网络成员企业能力要素配置，整合外界网络资源，促进自身竞争力提升。高志军等[188]研究了 LSSC 的价值共创机理，认为节点企业间的交流互动与整合是企业共同创造价值的根本动力，其中，交流可以促进企业间对知识和操作性资源的利用，整合可以帮助企业完成集成化物流服务。

但是，LSSC 网络的类型（即 LSI 从 LSSC 网络中获取资源的种类）、各

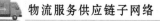
网络之间的关系、LSSC 各子网络影响 LSI 绩效的机制等问题都还没有得到解答，因此本章将对 LSSC 子网络之间关系及其如何影响 LSI 绩效等问题进行分析，进一步完善对 LSSC 网络结构的认识及其对 LSI 绩效的影响机制。

第一节　LSSC 子网络间相互关系

LSSC 网络是通过成员之间竞争合作关系所形成的一种网络[154]。在 LSSC 网络中，除了核心企业 LSI 之外，还包括单一或复合功能的物流服务提供商、物流服务需求方等，以能力合作、提供个性化的物流服务的方式来保证产品供应链的运作[155]。高志军等[121]认为 LSSC 网络中各个节点企业之间的有效链接是通过其所订立的契约来实现的，LSI 可以为用户提供面向整个流程的物流服务，其综合物流服务能力是通过与单一物流服务分包商以及复合物流服务分包商合作而形成的。从社会网络视角来看，LSSC 网络就是各成员企业为了完成物流服务而相互联结，所有联结关系的总和就形成了关系网络，LSSC 成员企业可以通过关系网络获取资源，从而使网络中的物流资源得到整合、物流服务能力获得平衡、整体物流服务更加优化。

正如 Lechner 和 Dowling[25] 所说，不同类型的企业子网络会发生重叠，并且某些网络需要其他网络来促进关系发展，因此有必要对企业间网络进行划分。他们将企业间网络分为个人关系网络、市场网络、声誉网络、竞合网络和创新网络[25]。但是这种网络类型的划分，主要是对处于企业初创阶段或者规模较小的企业进行的研究。通过调研发现，LSI 也会通过同一关系网络获得不同内容的资源。例如，LSI 与某家功能型物流企业建立联系后，既可以获得市场信息资源，也可以获得协作资源，造成不同类型子网络之间的重叠。那么针对企业间协作更多、资源整合程度更高的物流服务供应链的网络类型与创业企业网络类型有何不同？各子网络之间的关系如何？

它们如何对 LSI 绩效产生影响?

本章将在第三章 LSSC 子网络划分及测度研究、第四章 LSSC 子网络对 LSI 绩效影响的探索性案例研究的基础上,对各子网络之间的关系及其对 LSI 成长绩效的影响进行分析,以便更好地认识 LSSC 网络的结构以及 LSSC 各子网络对 LSI 成长绩效的影响。

一、社会关系网络

社会关系网络是指物流企业中高层管理人员与其他企业或者利益相关者之间一种长期良好的个人关系,如亲戚、朋友或者原来的同事。

社会关系网络对其他子网络的影响,Palmer 和 Koenig-Lewis [189] 的研究认为,企业的产品市场推广活动会受到社会关系网络的重要影响,这说明社会关系网络会影响市场信息网络的发展。Shane 和 Cable [190] 的研究认为,组织理论有关社会关系使企业获得投资的作用被过分夸大,但是如果企业家同时有良好的声誉,会帮助企业获得投资人的信任,赢得投资,即声誉在社会关系与投资之间起到重要的调节作用。Gnyawali 和 Park[191] 认为企业家个人社会关系网络会促进竞争合作以及技术创新。由此可见,社会关系网络的发展会影响企业获取市场信息,影响企业获得更高的声誉并促进企业合作完成技术创新。基于以上观点,提出假设 H1、H2、H3。

二、物流协作网络

物流协作网络是以 LSI 为核心的 LSSC 成员企业需要根据物流职能及分工的不同相互协作,共同完成物流活动而形成的网络。

有关协作网络对其他子网络的影响,Schilling 和 Phelps[100] 的研究认为,协作网络能够对信息传播产生作用,并促进企业创新,这表明协作网络对市场信息网络及创新网络的促进作用。Stuart[192] 认为,企业通过合作获得成长主要是同大型创新企业进行合作,小企业的合作也许不能为企业带来预期的效果,这说明企业与具备一定规模的企业之间的协作可以促进声誉提高,并实现企业成长。协作网络也可以促进创新的发展,Gnyawali 和 Park [191] 认

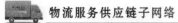

为基于技术创新的高投入、低回报特征，中小企业可以尝试与其他企业开展合作的形式进行创新，降低创新成本及风险，提高创新效率。对于物流企业来说，物流协作的重要性更加不言而喻。Kim J W 和 Kim E J[193] 认为，供应链伙伴关系会促进协作，提高供应链敏捷性，提供信息，帮助伙伴制定决策，促使企业创新。基于以上观点，提出假设 H4、H5、H6。

三、物流创新网络

能够让物流企业接触并创造新知识和技术的企业外部关系所形成的网络就是物流创新网络，如参加物流展会或者行业协会交流。

对于创新网络的发展，随着生产专业化分工以及知识分散分布在不同组织内，企业逐渐认识到需要同其他企业开展合作进行创新，许多科学和技术性的创新就是通过网络成员共同突破的[96]，或者向其他企业学习已经实践成功的创新工作方式[86]。物流创新网络能够帮助企业在技术方面进行改进，提高物流效率，在物流服务水平和质量上进行改进，使物流服务及时性有效提高[25]。Matlay（2016）[194] 认为，企业累积的知识和创新对创业企业的声誉具有重要作用。基于以上观点，提出假设 H7。

四、声誉网络

声誉网络是指同知名企业或对企业发展非常重要的企业建立关系网络，从而提高物流企业在行业内的知名度。

对于声誉网络对其他子网络的影响，Li[195] 认为在知识共享和传导的过程中，声誉网络能够为其提供一种保障，克服知识在组织传导过程中的不利因素，促进知识的传播。魏江和勾丽[196] 认为较高的声誉能使企业在社会和经济方面得到信任，帮助其获得资金、技术和原材料等各类信息，更好地开辟新市场。Shane 和 Cable[190] 认为声誉可以提供有关创业者个人过去成绩的信息，为投资者提供其是否有能力完成风险投资的信息。由此可见，企业能够通过声誉网络了解对方成功的信息，能够使关系双方相互信任，基于以上观点，提出假设 H8。

五、市场信息网络

市场信息网络是指物流企业通过同其他企业建立联系获得有关产品、市场或客户的信息，培养潜在客户，并通过这些关系获得需求反馈改进企业的产品或物流服务的关系网络。

有关市场信息网络，Achrol 和 Kotler[49] 认为在网络经济时代，市场会在实时市场信息系统、企业间整合、冲突解决、技术预测、风险和投资分析、网络经济和社会行为协调等方面发挥越来越重要的作用。这充分体现了市场信息在企业间关系网络中的重要作用。许多最近的研究发现创业企业形成并利用社会关系获得创意收集信息并发现创业机会[57,58]。国际化的信息和资源可以从网络中有知识的成员那里获得，从而扩大企业自身的经验[59,60]。LSI 在 LSSC 网络中获得市场客户信息的来源，并能向潜在市场用户进行推荐，来自市场的信息反馈能够帮助企业改进物流服务更符合用户的物流需求。通过前文文献的梳理发现，社会关系网络、物流协作网络，以及声誉网络都会对市场信息网络的发展产生影响，即假设 H1、H4、H8。

具体假设如下：

H1：社会关系网络会显著地正向影响市场信息网络的发展。

H2：社会关系网络会显著地正向影响声誉网络的发展。

H3：社会关系网络会显著地正向影响物流创新网络的发展。

H4：物流协作网络会显著地正向影响市场信息网络的发展。

H5：物流协作网络会显著地正向影响声誉网络的发展。

H6：物流协作网络会显著地正向影响物流创新网络的发展。

H7：物流创新网络会显著地正向影响声誉网络的发展。

H8：声誉网络会显著地正向影响市场信息网络的发展。

第二节　LSSC 子网络对 LSI 成长的影响

LSI 是 LSSC 的核心企业，对整个供应链起主导作用[26]。与其他节点企业相比，LSI 所特有的核心竞争力是拥有对外界资源的优化和协作的丰富经验，它能够促进节点企业间资源共享的实现，通过对网络成员企业各种资源的优化协调，提升 LSSC 总体物流服务，可以为物流需求方提供面向整个流程的物流服务[188]。

一、社会关系网络与 LSI 绩效

有关社会关系网络对 LSI 的影响，李坚飞和黄福华[162]认为中小企业共同物流服务受到了社会资本结构的综合影响，中小企业认知性社会资本通过企业关系网络、合作认知、技术结构直接影响了共同物流的协作质量和服务稳定性。罗力[197]从关系管理角度对第三方物流整合的影响因素进行了研究，他认为信任和关系承诺会对第三方物流整合产生影响。车文辉[161]通过实证研究发现，物流企业组织社会关系网络的联结对组织信任的构建产生着重要影响，信任加速了物流企业获取资源的速度和质量，资源获取是物流企业网际互动的目的和信任的结果。由此可见，对于需要共同完成物流服务，整合第三方物流资源的 LSI 而言，通过社会关系网络获取资源对企业有着更加重要的意义。因此提出如下假设 H9：

H9: 社会关系网络会显著地正向影响 LSI 绩效。

二、物流协作网络与 LSI 绩效

对于协作网络对 LSI 竞争优势及绩效的影响，Vieira 等[198]的研究认为，协作能够帮助物流企业完成紧急订单，满足对交付时间要求较高客户的要求。Morris 和 Carter[172] 的研究表明，关系管理对于供应商管理的重要性，合作关系会显著影响物流绩效。Nyaga 等[173] 对有关与供应链伙伴建立合作关系以达到有效性、灵活性和可持续竞争优势等相关问题建立结构方程模型，然后就该问题分别对买方和供应商进行问卷调查，得出的结论为：合作活动，如信息共享、对共同关系的努力和关系专用投资会使双方产生信任和承诺，信任和承诺又会提高合作关系的满意度和物流绩效。综上所述，物流协作网络能够帮助企业高效利用相互资源，使企业物流服务得到完善，双方合作得到促进，并提高 LSI 的成长。据此提出假设 H10：

H10: 物流协作网络会显著地正向影响 LSI 绩效。

三、物流创新网络与 LSI 绩效

对于物流创新网络对 LSI 绩效的影响，刘丹[170] 的研究表明，物流企业在服务创新方面投入的资源越多，其物流服务质量提高得越多，进而影响客户对本企业服务的评价，使客户的满意度更高，并且增加与本企业长期合作的愿望，成为本企业的忠实客户和长期合作伙伴，进而提高物流企业的绩效。创新网络需要有效的管理才能实现绩效的提高，Landsperger 等[199] 认为，创新网络中需要核心企业对网络进行彻底的管理，使这一联合开发产品或服务的组织间网络进行有效的合作，进而提高关系绩效。LSSC 中的核心企业就是 LSI，因此 LSI 需要提升自身的网络管理能力，提升企业绩效。田雪等[171] 的研究表明，在动态能力的中介作用下，网络嵌入能够显著提升物流服务创新绩效，结构嵌入和关系嵌入通过动态能力的中介作用正向影响物流企业的服务创新绩效。因此，LSI 需要提升通过网络获取创新资源的能力，使物流创新网络能够对企业成长和绩效的提高产生积极的影响，提出假设 H11：

H11：物流创新网络会显著地正向影响 LSI 绩效。

四、声誉网络与 LSI 绩效

声誉网络对企业绩效的影响，Roberts 和 Dowling[200] 认为，较高的声誉使企业更容易获得较高的利润。Shaw 等[201]对小型服务企业的研究表明，非金融资本对服务声誉有重要影响，并能促进企业绩效的发展。Walsh 和 Beatty[169]确定了服务性企业的声誉测量维度，并验证了声誉对顾客满意度、忠诚度和信任的积极作用。声誉对于物流企业来说非常重要，因为物流企业提供的也是无形的服务，调研中众多企业都认同这一点。相对于其他因素，客户选择物流企业时更加看重企业的声誉。因此，LSI 需要通过与知名企业的合作，建立较高的声誉，获得客户的信任。因此提出假设 H12：

H12：声誉网络会显著地正向影响 LSI 绩效。

五、市场信息网络与 LSI 绩效

有关市场信息网络，Jayachandran 等[202]提出关系信息处理过程，对企业客户关系管理至关重要，关系信息处理过程可以提高企业客户关系绩效，信息技术对于该过程起到重要的调节作用。市场信息网络对企业绩效的影响，Cillo 等[165]认为有关市场的信息存在两种互为补充形式的信息，即有关市场过去情况的回顾性信息和对未来市场进行预测的预测性信息，它们对企业绩效都会产生显著的正向影响。Woodruff[166]认为，过去企业主要通过改善内部组织获得竞争优势，未来企业竞争优势主要来源于外部市场导向和优质客户价值的传递。市场导向是指有关顾客现在以及未来需要的市场情况，在企业内对信息进行扩散并对市场情况做出反馈。邵兵家和刘小红[167]分析了第三方物流企业的市场导向度与企业绩效之间的关系，结论显示，市场导向对企业绩效有积极影响，第三方物流企业的顾客导向和职能部门间组织协调与企业绩效正相关。市场信息对需要集成物流服务、协调多个网络成员的 LSI 来说其重要性更加明显。基于以上理论基础，本书提出市场信息网络对 LSI 的绩效会有正向影响。综合以上观点，提出假设 H13：

H13：市场信息网络会显著地正向影响 LSI 绩效。

综上所述，本书将 LSSC 子网络间关系及其对 LSI 绩效影响模型中的理论假设予以汇总，如表 5-1 所示。

表 5–1　LSSC 子网络间关系及其对 LSI 绩效影响假设汇总

项目	研究假设
LSSC 子网络间关系	H1：社会关系网络会显著地正向影响市场信息网络的发展。 H2：社会关系网络会显著地正向影响声誉网络的发展。 H3：社会关系网络会显著地正向影响物流创新网络的发展。 H4：物流协作网络会显著地正向影响市场信息网络的发展。 H5：物流协作网络会显著地正向影响声誉网络的发展。 H6：物流协作网络会显著地正向影响物流创新网络的发展。 H7：物流创新网络会显著地正向影响声誉网络的发展。 H8：声誉网络会显著地正向影响市场信息网络的发展
LSSC 子网络与 LSI 绩效	H9：社会关系网络会显著地正向影响 LSI 绩效。 H10：物流协作网络会显著地正向影响 LSI 绩效。 H11：物流创新网络会显著地正向影响 LSI 绩效。 H12：声誉网络会显著地正向影响 LSI 绩效。 H13：市场信息网络会显著地正向影响 LSI 绩效

第三节　LSSC 子网络间相互关系及其对 LSI 成长绩效影响的理论模型

基于前文提出的 LSSC 子网络间关系及其对 LSI 绩效的影响假设，结合探索性案例分析结果，本节将企业绩效作为结构方程模型的因变量，将社会关系网络、物流协作网络作为自变量，将声誉、物流创新及市场信息网络作为中介变量，构建如图 5–1 所示的理论模型。

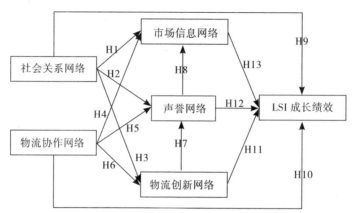

图 5-1　LSSC 子网络间关系及其对 LSI 成长绩效的影响理论模型

第四节　研究方法

一、变量测度

LSSC 各子网络的测度，根据第三章 LSSC 子网络测度量表进行，在此不再赘述。对于集成商成长绩效的测量，采用多维度指标会使测量结果更加全面和有效，选取一般企业成长绩效中比较成熟的、同时又适用于物流企业的测量指标。要从数量增长和质量的变革两个方面来评估企业成长，在此选取了最常用的销售额增长率、利润增长率指标；并考虑将员工增长率也作为其中一个测量指标，因为物流企业的发展情况可以通过其物流企业规模的扩大以及员工人数的增长进行衡量，也在一定程度上反映了企业的成长性。

因此，在此根据成熟量表选择"销售收入增长率""净利润增长率""雇员人数增长率"三个指标对 LSI 成长绩效进行测量（表 5-2）。

表 5-2　LSI 绩效的测量指标

测量指标	文献依据
近三年本企业的平均销售收入增长率	
近五年本企业的平均雇员增长率	Davidsson 和 Wiklund[203]，吴俊杰和戴勇[204]
近三年本企业的平均净利润增长率	

二、描述性统计

本章的研究与第三章"LSSC 子网络划分及测度研究"使用同一份问卷。事实上，该问卷同时包括"LSSC 子网络类型测度"、"LSSC 子网络相互关系与 LSI 绩效"以及第六章"LSSC 子网络、网络能力与 LSI 绩效关系"三部分实证研究相关问题，因而在发放渠道、发放时间和发放对象等数据收集方面的设计和具体实施完全相同，并已经在第三章中进行了介绍，描述性统计分析也已经在第三章进行，在此不再赘述。

三、信度和效度检验

量表的信度和效度如表 5-3、表 5-4 所示，检验结果均达到预期。LSI 成长绩效的 Cronbach's α 值为 0.837，大于 0.7，通过信度检验。

本小节对于问卷效度的分析主要通过内容效度和结构效度进行评价。内容效度通过前期理论基础、专家修正以及预试结果检验等方式可以确保其合理性；结构效度则需要通过探索性因子分析，利用 SPSS 22.0 对样本数据进行检验，采用因素提取，根据特征根大于 1 的标准提取企业成长绩效的主因子，通过观察 KMO 值和 Bartlett 球形检验的 P 值对变量的相关性进行验证，最后通过共因子载荷判断测度指标的结构效度。LSI 成长绩效的 KMO 值大于 0.7，Bartlett 检验显著性为 0.000，拒绝原假设，适合继续进行因子分析。LSI 成长绩效的三个题项归为一个因子，各题项的因子载荷均大于 0.5，累积解释方差为 75.702%，因子分析结果满足效度检验要求。

表 5-3　LSI 绩效的信度检验

变量	题项	CITC	删除该题项后的一致性指数	Cronbach's α
绩效	销售收入增长率	0.728	0.751	0.837
	雇员人数增长率	0.634	0.839	
	净利润增长率	0.744	0.729	

表 5-4　LSI 绩效的效度检验

变量	题项	因子载荷	KMO 样本测度	Bartlett 显著性检验	因子累积解释方差
LSI 绩效	JX1	0.897	0.706	0.000	75.702%
	JX2	0.886			
	JX3	0.826			

四、相关性分析

在对 LSSC 各子网络间关系及其对 LSI 成长绩效影响进行结构方程建模和分析之前，先对结构方程模型涉及的所有变量进行相关性分析，分析结果如表 5-5 所示。通过表 5-5 可以看出，变量之间存在显著的正相关关系，这初步预验证了本研究假设，后文将采用结构方程模型对 LSSC 子网络相互关系以及对 LSI 成长绩效的影响机制做更为精确的分析和讨论。

表 5-5　LSSC 子网络间相互关系及其对 LSI 成长影响的相关性分析

项目	LSI 绩效	社会关系网络	物流协作网络	市场关系网络	物流创新网络	声誉网络
LSI 绩效	1					
社会关系网络	0.376**	1				

续表

项目	LSI 绩效	社会关系网络	物流协作网络	市场关系网络	物流创新网络	声誉网络
物流协作网络	0.294^{**}	0.560^{**}	1			
市场信息网络	0.416^{**}	0.669^{**}	0.615^{**}	1		
物流创新网络	0.339^{**}	0.650^{**}	0.615^{**}	0.673^{**}	1	
声誉网络	0.264^{**}	0.582^{**}	0.609^{**}	0.694^{**}	0.599^{**}	1
均值	3.0876	3.6753	3.8142	3.7470	3.6331	4.0684
标准差	0.88012	0.67258	0.60745	0.59956	0.61162	0.63626

** 表示在 0.01 水平（双侧）上显著相关。

五、结构方程模型检验

模型经过运行得到如下结果：χ^2=100.930，df=50，χ^2/df=2.019，RMSEA=0.045，GFI=0.970，AGFI=0.945，NFI=0.976，TLI=0.980，CFI=0.987，RMR=0.014，设计模型可以接受。虽然模型整体拟合较好，但是不显著路径系数较多，影响了模型的检验结果。逐一删除 C.R. 值绝对值最小的路径，在删除了物流协作网络→绩效、社会关系网络→绩效及社会关系网络→声誉网络后，所有路径均显著，结果如表 5-6。模型拟合度也有所提高：χ^2=101.013，df=53，χ^2/df=1.906，RMSEA=0.043，GFI=0.970，AGFI=0.948，NFI=0.976，TLI=0.983，CFI=0.988，RMR=0.014，模型指数均达到要求，假设模型可以被接受。

物流服务供应链子网络

对物流服务集成商成长作用机制研究

表 5-6 LSSC 子网络间相互关系及对其 LSI 成长影响的假设检验结果

假设	路径	Estimate	S.E.	C.R.	P	显著性	检验结果
H1	市场信息网络←社会关系网络	0.298	0.056	5.302	***	显著	支持
H2	声誉网络←社会关系网络	−0.023	0.088	−0.264	0.792	不显著	不支持
H3	物流创新网络←社会关系网络	0.530	0.070	7.612	***	显著	支持
H4	市场信息网络←物流协作网络	0.402	0.113	3.540	***	显著	支持
H5	声誉网络←物流协作网络	0.843	0.111	7.583	***	显著	支持
H6	物流创新网络←物流协作网络	0.293	0.089	3.299	***	显著	支持
H7	声誉网络←物流创新网络	0.270	0.085	3.156	0.002	显著	支持
H8	市场信息网络←声誉网络	0.307	0.067	4.578	***	显著	支持
H9	绩效←社会关系网络	0.016	0.166	0.095	0.925	不显著	不支持
H10	LSI 绩效←物流协作网络	0.001	0.257	0.003	0.998	不显著	不支持
H11	LSI 绩效←物流创新网络	0.222	0.137	1.620	0.105	不显著	不支持
H12	LSI 绩效←声誉网络	−0.325	0.159	−2.039	0.041	显著	不支持
H13	LSI 绩效←市场信息网络	0.777	0.292	2.664	0.008	显著	支持

*** 表示显著性水平 $P < 0.001$。

LSSC 子网络间关系及其对 LSI 成长绩效的影响路径如图 5-2 所示。

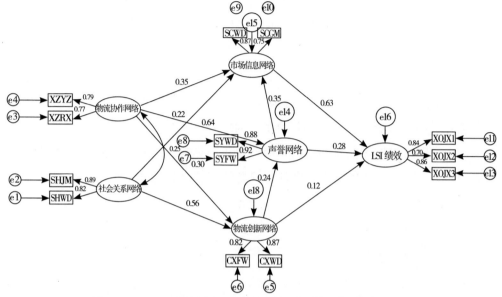

图 5-2　LSSC 子网络间关系及其对 LSI 成长绩效的影响路径图

综上，假设 H1、H3、H4、H5、H6、H7、H8、H11、H13 通过检验；H2、H9、H10、H12 未通过检验。

第五节　实证结果分析与讨论

一、LSSC 子网络间的相互关系

社会关系网络对市场关系网络、物流创新网络的发展具有显著的正向影响。这说明社会关系网络不仅对创立初期的企业有重要作用，对已具备一定发展规模的 LSI 从 LSSC 网络中获取物流市场信息、物流创新技术及服务也有重要作用。

物流协作网络对市场信息网络、声誉网络、物流创新网络的发展具有显著的正向影响。这充分体现了物流协作在 LSSC 网络中的重要性，物流协作关系会影响 LSI 从 LSSC 网络中获取市场信息、更高的声誉以及物流创新技术或服务。

物流创新网络对声誉网络的发展产生正向影响，这体现了现代物流对创新的关注和重视。一旦企业具备某项物流创新技术或者服务，就会在整个行业中获得重大影响力，从而提升 LSI 的声誉。

声誉网络对市场信息网络的发展产生正向影响，这充分说明声誉会促进信息的传播。LSI 在物流行业内具有较高的声誉会为企业带来更多的新客户和市场信息途径。

市场信息网络会受到社会关系网络、物流协作网络、声誉网络的发展，这说明 LSI 获取市场信息的途径是多样的，企业可以通过建立社会、协作、声誉关系来促进市场信息网络的发展。

综上可见，LSSC 子网络之间相互影响，各子网络的发展相辅相成，LSI 在通过 LSSC 子网络获取成长所需资源时，应注意各子网络间的相互影响，厘清各子网络间关系，着重发展和巩固对企业现阶段成长有重要作用的子网络并注意对其有重要影响的其他子网络，建立企业成长的关键关系网络。

二、LSSC 各子网络对 LSI 绩效的影响

（1）社会关系网络对 LSI 绩效虽然没有直接的影响，但是会通过市场信息网络、物流创新网络对 LSI 绩效产生间接影响。这说明 LSI 的社会关系网络会为其带来物流新市场、新机会、新客户信息，以及对物流创新相关知识技术的获取，降低其在新市场开发和物流创新方面的成本，提升其了解市场需求和物流创新的能力，继而促进其成长。

（2）物流协作网络对 LSI 绩效的影响会通过市场信息网络、声誉网络、物流创新网络进行传递。这说明在 LSSC 网络中，相互协作对 LSI 与其物流合作伙伴的重要性。通过和物流合作企业的协作，LSI 可以了解最新相关行业动态，了解客户实时需求，改进自身问题，有针对性地调整自

身的发展战略。同时良好的协作关系也为 LSI 带来较好的口碑，从而提升物流服务集成商的声誉，为其吸引更多合作伙伴。创新活动会为企业带来较高的成本和风险，与物流合作伙伴共同研发，解决物流难题，不仅能帮助 LSI 降低成本，还能使创新成果更符合双方的需求，使物流效率在整个 LSSC 中得到提升。

（3）物流创新网络正向影响 LSI 绩效。由此可见，无论是物流技术创新还是物流服务创新，在合作伙伴和物流需求客户对 LSI 进行选择时，更倾向于选择拥有先进技术或服务的企业，为 LSI 带来良好的声誉，也会使其对 LSI 更加信赖。同时创新是企业的生命力，创新会提升物流服务的效率和质量，降低物流成本，成为 LSI 能够不断成长壮大的源动力。

（4）声誉网络对 LSI 绩效会产生负向影响。声誉网络的发展会为 LSI 吸引更多新客户和新机会，但是过多的对声誉网络的经营和投入也会对 LSI 产生负面的影响。其原因可能是因为如果 LSI 投入了过多的资产为其发展和维护声誉关系网络，会给 LSI 的运营产生负担[158]。同时也可能由于企业在出现问题时，一旦没能处理好同声誉伙伴的关系，会为企业带来非常重大的损失。因此谨慎对待企业声誉网络，充分利用其为企业带来的优势，同时出现问题也要妥善处理，避免为企业声誉带来不良影响。

（5）市场信息网络对 LSI 绩效产生正向影响。这说明市场信息网络能够为 LSI 带来市场客户信息，并能将 LSI 的物流服务推荐给新客户，从而有可能形成合作机会。市场信息网络的不断发展也能够促使企业不断地对产品或服务进行改进，以满足顾客不断变化的需求，从而促进企业的成长。

本章小结

    本章运用实证的方法探讨了 LSSC 子网络的相互关系，以及它们对 LSI 成长绩效的影响路径。本章内容的意义在于通过对 LSSC 各子网络间关系的研究，完善了对 LSSC 网络内部结构和子网络类型的认识，有利于更全面地了解 LSSC 网络结构。通过对 LSSC 子网络对 LSI 绩效的影响研究，明确了 LSSC 子网络影响 LSI 绩效的作用机制，即 LSI 如何从网络中获取资源，促进企业发展的具体路径，有利于企业了解如何利用企业外部资源促进自身发展。

第六章　以网络能力为中介的LSSC 子网络对LSI成长绩效影响研究

本章依据彭罗斯的"资源—能力—成长"理论，以网络能力为中介，构建了 LSSC 网络影响 LSI 成长的理论框架，运用实证方法探讨了 LSSC 五种子网络通过网络能力对 LSI 绩效的影响机制与路径，证实了网络能力的中介效应。对 LSI 通过 LSSC 网络实现成长有一定的启示：只有充分利用各种网络资源，注重网络能力的规划、构建、管理及组合，LSI 才能实现绩效的提升。

第一节　LSSC 子网络与 LSI 成长

该部分的理论论证以及相关假设已在第五章中进行了详细的阐述，本章节沿用相关论证。为了对不同子研究之间的假设进行有效的区分，本部分将 LSSC 子网络对 LSI 成长的假设修改如下：

H1a：社会关系网络会显著地正向影响 LSI 绩效。

H1b：物流协作网络会显著地正向影响 LSI 绩效。

H1c：市场信息网络会显著地正向影响 LSI 绩效。

115

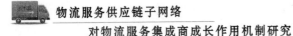

H1d：物流创新网络会显著地正向影响 LSI 绩效。

H1e：声誉网络会显著地正向影响 LSI 绩效。

第二节　LSSC 子网络与网络能力

本节参考相关学者对网络能力的定义：企业为了从外部网络获取资源和信息，对网络中可利用的机会进行有效识别，并对企业网络关系从整体网络构建到二元关系管理以及网络关系组合等方面进行全面的发展、维护和利用的一种动态能力。

相关学者将网络能力分为四个维度：

网络愿景能力，指企业在对外部网络进行分析后发现资源和信息，对企业面临机遇进行评估的能力。

网络构建能力，指企业为了扩展和维护网络，不断开发新的关系网络并对网络关系保持长期战略合作关系，对网络进行整体的协调、控制和发展的能力[207]。

关系管理能力，主要是针对网络中具体的二元企业间关系进行维护和管理的能力。

组合管理能力，是为了通过企业在网络中的核心位置优势，对多元合作关系进行管理和协调，对多家企业的资源进行整合和集成，对资源集成过程中的冲突进行有效解决，以获得网络资源的能力[205]。

LSSC 网络为 LSI 的成长提供了多种外部资源，LSI 可以在 LSSC 网络中获取社会关系、物流协作、市场信息、物流创新以及声誉等资源。因此，LSI 通过运用网络能力对 LSSC 网络中的资源进行规划、构建、管理、组合，为企业提供更多的外部资源优势，形成新的资源结构，进而使企业核心能力得到增强，并获得企业成长的源动力。下面将对 LSSC 五种子网络，即社会关系网络、市场信息网络、声誉网络、物流创新网络和物流协作网络对网络能力的影响进行理论分析并提出假设。

一、社会关系网络与网络能力

网络能力是一种基于外部知识的动态能力[206]，企业可以通过与网络中其他节点企业建立关系资本来获取知识，通过对企业间知识分享建立有效管理机制提高企业获取外部资源的能力[207]。Eisenhardt 和 Martin[20]、Zollo 和 Winter[208] 及 Rothaermel 和 Hess[209] 认为，不仅企业层面因素会对网络能力造成影响，网络能力也会受到个人和网络层面的影响。企业高层根据企业情况所制定的创业导向会受到网络能力的调节，影响企业绩效的发展。曹红军和张燕红[210] 认为，企业高层管理人员与其他组织负责人的协作以及社会网络都会对企业网络动态能力产生影响。任胜钢[211] 分析了网络关系位置、关系强度对网络能力和创新绩效的影响。邓建高等[212] 基于网络嵌入理论和吸收能力理论，以吸收能力为中介变量，构建物流产业网络嵌入影响创新绩效的概念模型。由此本小节提出如下假设：

H2a：社会关系网络会显著地正向影响 LSI 网络能力。

二、物流协作网络与网络能力

在网络能力当中，企业对获取资源的学习和吸收是非常关键的一个环节，Teece 等[10] 的研究表明合作关系可以推进新型组织学习的形成，通过组织间学习使企业避免运作不良以及战略盲点（strategic blindspots）的出现。曾伏娥和严萍[213] 的研究表明信任关系和业务网络影响企业关系能力的开发，同时以信任关系和业务网络为核心的企业关系能力所产生的影响能促使企业实现更优绩效。郑向杰[214] 的研究表明企业间合作网络的小世界性能提高信息流通速度和知识转移效率，进而提升企业创新能力。王方和党兴华[215] 的研究表明合作经验促进网络能力发展并显著地正向影响创新绩效。这些都充分说明协作网络能够促进企业网络能力的发展。

刘长石[216] 对产业集群中物流一体化与运输协作进行了研究，期望能整

117

合物流资源，实现整体优化，降低物流成本。在 LSSC 网络中，物流企业基于能力合作而进行的供应链协同，实质上就是以 LSI 为核心，整合供应链成员的物流资源，弥补自身运营能力的不足，避免资源过剩并实现共赢，是 LSI 网络能力的体现[151]。由此本小节提出如下假设：

H2b：物流协作网络的发展会显著地正向影响 LSI 网络能力。

三、市场信息网络与网络能力

网络能力与企业网络之间有着密不可分的关系，网络范围的大小和企业间关系类型的多样化，能够帮助企业获得更多的外部资源和能力，同时企业收集和筛选的信息越多，企业的网络能力越强，协调和处理关系的能力也越强[142]。市场信息网络的建立有利于企业间的信息交流与整合更加高效和快捷，进而促进网络成员之间的交流与合作，而通过企业内部对信息的学习和利用，企业采取行动对这些信息及时做出反馈。由此可见，企业的网络关系管理能力可以通过对网络成员间信息和知识的流动的管理得到提高。马鸿佳[217]的研究表明网络能力调节着信息获取与绩效之间的关系，信息获取能够促进企业网络能力，进而提高企业的绩效。

潘峰[218]对信息化背景下的物流网络资源动态整合模式进行了研究，结论显示利用信息技术能够促进多种网络中物流资源的整合，对网络化服务系统的形成起到重要作用，并能够快速响应客户的物流需求。这表明市场信息网络有助于物流企业实现网络资源整合，提升网络能力。由此本小节提出如下假设：

H2c：市场信息网络的发展会显著地正向影响 LSI 网络能力。

四、物流创新网络与网络能力

创新并非仅在企业内部形成，也可以在通过企业、研究机构等组成的网络中形成[77]。因此，企业为了提升对新兴技术和环境的适应能力，会通过联盟或收购等方法通过外部网络积极获取新知识和技术[209]。陈学光[219]认为，创新网络在网络能力与企业创新绩效中起到中介作用。朱秀梅等[220]的研究表明知识能够影响网络能力和企业绩效。Ritter 及其与他人合作的研究多次印证了技术交织在网络能力和企业创新方面的作用[137,221,222]。赵爽和肖洪钧[223]的研究表明，网络能力通过影响网络学习和网络权利，从而提升企业绩效。方刚[24]认为创新网络类型在网络能力和组织创新绩效中起到重要影响。宋晶和孙永磊[224]认为合作创新网络背景下企业网络能力主要会受到网络中知识资源内容、企业在网络中的位置、网络权力和组织间信任等因素的影响。这些研究都说明了创新网络能够促进企业对网络中知识的学习和获取，提高企业的网络能力。

对于物流企业来说，物流创新对企业网络能力的影响也得到了印证。从知识资本的视角来看，人力、结构及关系资本等知识资本的形式都会对物流能力及成长绩效有正向影响[225]。物流企业可以通过与制造企业协作提高物流企业的服务创新能力[226]。物流企业在进行服务创新时，除了通过创新投入力度的增加满足用户需求，还可以通过开放式创新、打破企业创新边界、与外部企业合作创新来提高企业服务创新能力。这些都证明了创新网络对网络能力的影响。由此本小节提出如下假设：

H2d：物流创新网络的发展会显著地正向影响 LSI 网络能力。

五、声誉网络与网络能力

黄芳俪[227]认为创业投资机构的声誉对创业投资机构管理参与程度（持股比例和董事会占比）与企业创新能力都有正向调节作用，而创新能力正是企业通过网络能力实现创新的一种体现。夏汉武[228]认为企业声誉在集群网络下的传播，会使声誉成为网络环境下企业间信任关系的形成和长期合作的关键，相对于非网络环境，集群网络内企业需要保持更良好的声誉，声誉能促进信任关系并提高企业网络合作能力。曲怡颖等[229]认为声誉对知识生产能力和知识转移能力有直接显著的正向影响，并由此对创新绩效有间接正向影响。王启亮和虞红霞[230]认为组织声誉对协同创新中组织间知识分享产生正向影响。知识的转移和分享都是网络能力的重要组成部分，由此本小节提出如下假设：

H2e：声誉网络的发展会显著地正向影响 LSI 网络能力。

第三节　网络能力与 LSI 成长绩效

网络中企业必须具备管理关系网络的能力，通过对网络的有效管理，为企业获得经济租金并提高企业的价值[205]。Roijakkers 和 Hagedoorn[231] 认为，节点企业在网络中的位置会对企业获取网络资源产生影响，处于核心位置的节点企业能够从网络中获得丰富的信息，这些信息能够帮助企业了解合作伙伴，促进企业创新绩效的发展。Moller 和 Halinen[232] 认为，网络能力是企业对自身在网络中的定位和发展方向有清晰的认识，寻找合作伙伴，在相互信任和信息共享的基础上与合作企业资源共享，对企业间关系进行有效管理，进而提升企业绩效的关键能力。

舒彤和刘纯霞[233] 认为，供应链伙伴关系对供应链物流能力与合作绩效均有直接的积极影响，并通过物流能力间接影响供应链合作绩效。赵永楷[234] 认为，物流企业运作及综合管理能力对经济绩效影响显著，运作、柔性、综合管理能力对社会绩效影响显著。杨凌爱[235] 提出，为提升第三方物流企业物流能力，提高物流企业绩效，物流企业应与其他企业建立动态联盟，增加企业可利用的外部资源，增强企业对资源的整合能力，在物流基础设施方面加强对设备的综合利用，在企业物流运作能力方面弥补薄弱环节并加强能力建设，在人才方面注重综合性物流人才的培养，在创新方面通过创新使企业核心竞争力不断增强。这些文献提到的物流能力，涉及的与企业间合作、综合管理能力等均具备网络能力特征，从提高物流企业绩效的建议也可以看出，均是针对物流企业不同层面网络能力的对策。可见，物流企业更需要网络能力，LSI 的网络能力与企业绩效之间也存在密切的关系。LSI 由于处在 LSSC 网络的核心节点，如何提高对 LSSC 网络的管理能力，对 LSI 成长及其绩效的提高有重要意义。基于以上论述，本小节提出如下假设：

H3：LSI 的网络能力会显著地正向影响 LSI 成长绩效。

第四节　网络能力的中介效应

中介效应是指 LSSC 子网络在 LSI 网络能力的中介作用下，对 LSI 成长绩效产生影响。已经有一些文献对网络能力的中介效应进行了探索，简兆权和柳仪[236]基于嵌入性理论和网络能力理论，构建了关系嵌入性、网络能力及服务创新绩效三者之间关系的理论模型，并以华南地区 243 家典型服务型企业为调查对象收集数据，利用实证方法，探讨了网络能力在关系嵌入性和服务创新绩效之间的中介作用。结论显示，服务创新绩效会受到关系嵌入性和网络能力的显著正向影响，并且网络能力完全中介了关系嵌入性和服务创新绩效之间的关系。王方和党兴华[215]通过以我国 IT 企业为研究对象，将网络能力引入合作经验与创新绩效的关系之中，构建并验证"合作经验→网络能力→创新绩效"作用机制模型。这些都对网络能力的中介作用进行了充分的证明。

网络中资源实现价值创造需要企业利用网络能力来完成，因为资源本身无法直接为企业带来效用[237]，需要企业利用其网络能力对网络中资源以整合的方式为企业所利用，并通过对流程的合理规划及配置完成企业制定的战略目标[238]。因此，"能力"是企业为了实现对资源的有效利用，对资源进行集聚、整合和配置，通过对企业内外部资源有效协同，为企业带来竞争优势[239]。LSI 能够通过 LSSC 网络获取资源，但是需要通过 LSI 的网络能力作为中介，规划、构建、管理和组合网络中各种类型资源，实现 LSI 成长和绩效的提高。因此在 LSSC 子网络影响 LSI 成长绩效的关系模型中，本小节加入了网络能力作为中介变量，为了对它们之间的影响关系进行验证，提出如下假设：

H4a：社会关系网络通过网络能力的中介作用影响 LSI 成长绩效。

H4b：物流协作网络通过网络能力的中介作用影响 LSI 成长绩效。

H4c：市场信息网络通过网络能力的中介作用影响 LSI 成长绩效。

H4d：物流创新网络通过网络能力的中介作用影响 LSI 成长绩效。

H4e：声誉网络通过网络能力的中介作用影响 LSI 成长绩效。

第五节 LSSC 子网络、网络能力 与 LSI 成长绩效关系理论模型

基于第四章探索性案例分析以及本章对各变量间关系的系统梳理，本研究提出 LSSC 子网络对 LSI 成长绩效的理论假设。在该模型中，将 LSI 成长绩效作为因变量，LSSC 网络的五种类型子网络为自变量，网络能力为中介变量，构建如图 6-1 所示的 LSI 成长网络动力模型，并将本章的理论假设汇总如表 6-1 所示。

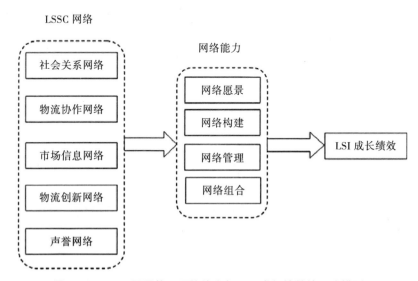

图 6-1 LSSC 子网络、网络能力与 LSI 成长绩效的理论模型

表 6-1　LSSC 子网络、网络能力与 LSI 成长绩效假设汇总

项目	研究假设
LSSC 子网络与 LSI 成长绩效	H1a：社会关系网络会显著地正向影响 LSI 绩效。 H1b：物流协作网络会显著地正向影响 LSI 绩效。 H1c：市场信息网络会显著地正向影响 LSI 绩效。 H1d：物流创新网络会显著地正向影响 LSI 绩效。 H1e：声誉网络会显著地正向影响 LSI 绩效
LSSC 子网络与网络能力	H2a：社会关系网络会显著地正向影响 LSI 的网络能力。 H2b：物流协作网络的发展会显著地正向影响 LSI 网络能力。 H2c：市场信息网络的发展会显著地正向影响 LSI 网络能力。 H2d：物流创新网络的发展会显著地正向影响 LSI 网络能力。 H2e：声誉网络的发展会显著地正向影响 LSI 网络能力
网络能力与 LSI 成长绩效	H3：LSI 的网络能力会显著地正向影响 LSI 成长绩效
网络能力的中介效应	H4a：社会关系网络通过网络能力的中介作用影响 LSI 成长绩效。 H4b：物流协作网络通过网络能力的中介作用影响 LSI 成长绩效。 H4c：市场信息网络通过网络能力的中介作用影响 LSI 成长绩效。 H4d：物流创新网络通过网络能力的中介作用影响 LSI 成长绩效。 H4e：声誉网络通过网络能力的中介作用影响 LSI 成长绩效

第六节　研究设计

一、变量测量

　　LSSC 各子网络、LSI 绩效的变量测度已经在第三章、第五章进行了分析，本小节主要对中介变量网络能力的测量题项进行分析，如表 6-2 所示。

表 6-2　网络能力测量量表

网络能力	测量题项
网络愿景	YJ1：在新市场开发中本企业能够敏锐地寻找所有可能的合作机会。 YJ2：本企业对自身拥有的某些其他企业所需要的资源非常了解
网络构建	GJ1：本企业会积极地同具有关系资源的潜在合作伙伴进行接触。 GJ2：本企业通过合作建立了更多新的合作伙伴关系。 GJ3：本企业经常指导和协调对外交流人员的工作。 GJ4：本企业经常对与合作伙伴合作的实际效果进行评估
网络管理	GL1：本企业经常就合作关系的进展与合作伙伴进行讨论。 GL2：本企业会对合作伙伴关系根据经验不断地深化和改善
网络组合	ZH1：本企业善于将自身的资源在不同的合作关系中进行合理分配。 ZH2：本企业善于对合作伙伴的技术或资源进行有效整合

二、描述性统计

　　本章研究与第三章"LSSC 子网络划分及测度研究"、第五章"LSSC 子网络间相互关系及其对 LSI 成长绩效影响研究"使用同一份问卷。事实上，该问卷同时包括"LSSC 子网络类型测度"、"LSSC 子网络相互关系与 LSI 绩效"以及"LSSC 子网络、网络能力与 LSI 绩效关系"三部分实证研究相关问题，因而在发放渠道、发放时间和发放对象等数据收集方面的设计和具体实施完全相同，并已经在第三章中进行了介绍，描述性统计分析也已经在第三章进行，在此不再赘述。

三、探索性因子分析

由于第三章已对 LSSC 五种类型子网络进行了探索性因子分析、信度检验、验证性因子分析等内容，因此本章不再赘述；第五章对 LSI 成长绩效进行了信度和效度检验，所以本章仅对网络能力进行检验。首先对网络能力进行探索性因子分析，网络能力的 KMO 与 Bartlett 球形检验结果见表 6-3，累积方差解释率等于 81.719%，共抽取了 4 个因子。所有测量题目因子载荷均大于 0.5，没有发现因子载荷平均分布的题目。网络能力的探索性因子分析结果见表 6-4。

表 6-3　网络能力的 KMO 与 Bartlett 球形检验结果

KMO 取样适当性测量值		0.898
Bartlett 球形检验	近似卡方值	3328.039
	自由度	45
	显著性水平	0.000

表 6-4　网络能力的探索性因子分析结果

维度	题项	因子 1	因子 2	因子 3	因子 4
网络构建	GJ3	0.791			
	GJ2	0.774			
	GJ1	0.740			
	GJ4	0.612			
网络组合	ZH2		0.834		
	ZH1		0.769		
关系管理	GL1			0.851	
	GL2			0.804	
网络愿景	YJ2				0.810
	YJ1				0.650

四、信度分析

本研究将变量的 Cronbach's α 系数作为评价其信度的标准。社会关系网络、物流协作网络、市场信息网络、物流创新网络、声誉网络 5 个维度的 α 值依次为 0.902、0.794、0.858、0.857、0.938（详见表 3-6），LSI 成长绩效的 Cronbach's α 值 0.837（详见表 5-3），网络能力各维度的 Cronbach's α 见表 6-5，均大于 0.7，表明量表通过了信度检验且具有较高的一致性和稳定性。

表 6-5　网络能力的信度分析

维度	题项	CITC	删除该题项后的一致性指数	Cronbach's α
网络愿景	YJ1	0.565	–	0.722
	YJ2	0.565	–	
网络构建	GJ1	0.812	0.844	0.893
	GJ2	0.773	0.858	
	GJ3	0.732	0.874	
	GJ4	0.737	0.872	
关系管理	GL1	0.756	–	0.861
	GL2	0.756	–	
关系组合	ZH1	0.676	–	0.806
	ZH2	0.676	–	

五、验证性因子分析

在通过了探索性因子分析和信度检验之后，利用 AMOS 21.0 软件对网络能力进行验证性因子分析。模型拟合结果如下：χ^2=106.096，df=25，χ^2/df=4.244，RMSEA=0.080，GFI=0.958，CFI=0.9766，IFI=0.976，NFI=0.968，网络能力各维度的题目载荷 T 值均大于 1.96，显著性水平 $P<0.001$，说明网络能力各子维度具有较高的收敛效度，所有题项的标准化载荷值均大于 0.5 且显著，由此可以判断网络能力具有较高的收敛效度。网

络能力的验证性因子分析结果见表 6-6。

表 6-6　网络能力的验证性因子分析结果

题项	路径	网络能力	标准化路径系数	C.R.	P
YJ2	<---	网络愿景	0.765		
YJ1	<---	网络愿景	0.748	16.927	***
GJ4	<---	网络构建	0.800		
GJ3	<---	网络构建	0.774	19.150	***
GJ2	<---	网络构建	0.842	21.493	***
GJ1	<---	网络构建	0.875	22.724	***
GL2	<---	关系管理	0.932		
GL1	<---	关系管理	0.814	21.129	***
ZH2	<---	关系组合	0.837		
ZH1	<---	关系组合	0.796	17.722	***
χ^2	125.393		CFI		0.981
df	39		TLI		0.972
χ^2/df	3.215		RMSEA		0.051

*** 表示显著性水平 $P<0.001$。

网络能力的验证性因子分析结果如图 6-2 所示。

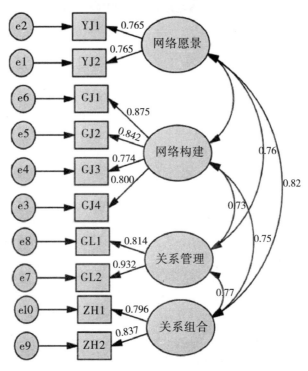

图 6-2　网络能力的验证性因子分析图

六、相关性分析

在对 LSSC 各子网络、网络能力与 LSI 成长绩效关系进行结构方程建模和分析之前，先对结构方程模型涉及的所有变量进行相关性分析，分析结果如表 6-7 所示。通过表 6-7 可以看出，变量之间存在显著的正相关关系，这初步预验证了本研究假设，后文将采用结构方程模型对 LSSC 子网络、网络能力与 LSI 成长绩效的影响机制做更为精确的分析和讨论。

表 6-7 LSSC 子网络、网络能力与 LSI 成长绩效的相关性分析

项目	LSI成长绩效	社会关系网络	物流协作网络	市场信息网络	物流创新网络	声誉网络	网络能力
LSI绩效	1						
社会关系网络	0.376**	1					
物流协作网络	0.294**	0.560**	1				
市场信息网络	0.416**	0.669**	0.615**	1			
物流创新网络	0.339**	0.650**	0.615**	0.673**	1		
声誉网络	0.264**	0.582**	0.609**	0.694**	0.599**	1	
网络能力	0.411**	0.719**	0.655**	0.717**	0.681**	0.731**	1
均值	3.0876	3.6753	3.8142	3.7470	3.6331	4.0684	3.8718
标准差	0.88012	0.67258	0.60745	0.59956	0.61162	0.63626	0.61153

** 表示在 0.01 水平（双侧）上显著相关。

第七节 结构方程模型检验

由本章第六节可知，量表的信度和效度均达到实证分析的要求。采用 AMOS 21.0 进一步利用结构方程模型对变量之间的关系进行验证。

一、假设检验

根据 LSSC 子网络、网络能力与 LSI 成长绩效的理论模型，利用 AMOS 21.0 建立结构方程，得出的各项指标值如表 6-8 所示，$\chi^2 = 125.393$，

df=39，χ^2/df=3.215，GFI=0.958，NFI=0.968，IFI=0.976，CFI=0.981，RMSEA=0.051，RMR=0.016，各项指标的拟合指数均达到要求，模型通过检验。

表 6-8　LSSC 子网络、网络能力与 LSI 成长模型拟合指数

拟合指标	χ^2/df	RMR	RMSEA	GFI	NFI	TLI	CFI
建议值	< 5	< 0.05	< 0.08	> 0.9	> 0.8	> 0.9	> 0.9
测量值	3.11	0.016	0.065	0.935	0.952	0.953	0.967
模型适配判断	适配	适配	适配	适配	适配	适配	适配

由表 6-9 可以发现，H1c、H1e、H2a、H2b、H2d、H2e、H3 通过了检验；H1a、H1b、H1d、H2c 未通过检验。

表 6-9　LSSC、网络能力对 LSI 成长绩效影响的假设检验结果

对应假设	变量间的关系	标准化路径系数	P	检验结果
H1a	社会关系网络→绩效	−0.006	0.957	不支持
H1b	物流协作网络→绩效	−0.260	0.255	不支持
H1c	市场信息网络→绩效	0.641	0.029	支持
H1d	物流创新网络→绩效	−0.201	0.273	不支持
H1e	声誉网络→绩效	−0.331	0.011	支持
H2a	社会关系网络→网络能力	0.253	0.000	支持
H2b	物流协作网络→网络能力	0.453	0.000	支持
H2c	市场信息网络→网络能力	−0.126	0.420	不支持
H2d	物流创新网络→网络能力	0.239	0.011	支持
H2e	声誉网络→网络能力	0.211	0.003	支持
H3	网络能力→绩效	0.612	0.001	支持

二、中介效应检验

首先，利用回归方程将自变量 X 通过中介变量 M 对因变量 Y 产生影响的关系表述如下：

$$Y=cX+e_1 \qquad\qquad （6-1）$$

$$M= aX+ e_2 \qquad\qquad （6-2）$$

$$Y= c'X+bM +e_3 \qquad\qquad （6-3）$$

其中，c 代表 X 对 Y 的总效应；a 为 X 对中介变量 M 的效应；b 是在控制了自变量 X 的影响后，中介变量 M 对因变量 Y 的效应；c' 是在控制了中介变量 M 的影响后，自变量 X 对因变量 Y 的直接效应；$e_1 \sim e_3$ 是回归残差。

中介效应相当于间接效应，等于 ab 的乘积，总效应 c 等于直接效应 c' 与间接效应 ab 之和，即 $c=c'+ab$。

本研究采用 AMOS 21.0 软件中 bootstrap 功能对模型假设进行中介效应检验。根据温忠麟和叶宝娟[240]最新的中介效应检验流程，具体的检验步骤为：

步骤一：对系数 c 进行检验。判断其显著性，若显著中介效应检验继续，不显著则存在遮掩效应，但无论是否显著，都进行后续检验。

步骤二：依次对 a 和 b 进行检验。如果两个系数均显著，则间接效应显著，转到步骤四；如果有一个不显著或二者都不显著，进行步骤三。

步骤三：对系数乘积（原假设 H0：$ab=0$）进行检验，用 bootstrap 法直接对其进行检验。若显著，则间接效应显著，进入步骤四；否则间接效应不显著，分析结束。

步骤四：对系数 c' 进行检验。若不显著，说明直接效应不显著，只存在中介效应；如果显著，即直接效应显著，开始步骤五。

步骤五：比较 ab 和 c' 的符号。同号为部分中介效应，ab/c 即为中介效应占总效应的比例；如果是异号，存在遮掩效应，$|ab/c'|$ 等于间接效应与直接效应之比。

bootstrap 方法在假设抽样条件非正态分布的情况下，也可以证明中介效应的显著性，只要模型间接效应的 95% 置信区间中不包括 0 即可。

中介效应检验的具体操作步骤如下：

在 AMOS 21.0 软件的分析属性中勾选"indirect, direct & total effects"选项，找到 bootstrap 对话框，勾选"perform bootstrap"项，执行次数 2000，勾选 "Bias-corrected confidence intervals" 项，并将置信度水平设置为95%，得到模型总效应、直接效应、间接效应结果及各效应对应显著性，如表 6-10 至表 6-15 所示。

表 6-10 总效应标准化系数

项目	声誉网络	物流创新网络	市场信息网络	社会关系网络	物流协作网络	网络能力
网络能力	0.187	0.187	0.000	0.246	0.404	0.000
绩效	−0.249	0.080	0.387	0.105	0.173	0.427

表 6-11 直接效应标准化系数

项目	声誉网络	物流创新网络	市场信息网络	社会关系网络	物流协作网络	网络能力
网络能力	0.187	0.187	0.000	0.246	0.404	0.000
绩效	−0.329	0.000	0.387	0.000	0.000	0.427

表 6-12 间接效应标准化系数

项目	声誉网络	物流创新网络	市场信息网络	社会关系网络	物流协作网络	网络能力
网络能力	0.000	0.000	0.000	0.000	0.000	0.000
绩效	0.080	0.080	0.000	0.105	0.173	0.000

表 6-13   总效应显著性水平

项目	声誉网络	物流创新网络	市场信息网络	社会关系网络	物流协作网络	网络能力
网络能力	0.046	0.007	——	0.002	0.001	——
绩效	0.058	0.004	0.006	0.001	0.001	0.001

表 6-14   直接效应显著性水平

项目	声誉网络	物流创新网络	市场信息网络	社会关系网络	物流协作网络	网络能力
网络能力	0.046	0.007	0.872	0.002	0.001	——
绩效	0.018	0.562	0.006	0.968	0.304	0.001

表 6-15   间接效应显著性水平

项目	声誉网络	物流创新网络	市场信息网络	社会关系网络	物流协作网络	网络能力
网络能力	——	——	——	——	——	——
绩效	0.029	0.004	0.797	0.001	0.001	——

第一步，检验系数 c 的显著性。若显著中介效应成立，不显著则存在遮掩效应，但无论是否显著，都要进行后续检验。表6-13中横线所标出的就是系数 c 的显著性，即LSSC五种子网络分别对LSI成长绩效影响系数 c 的显著性，除声誉网络为0.058大于0.05以外，其他子网络的显著性水平均小于0.05。因此，物流创新网络、市场信息网络、社会关系网络、物流协作网络均存在中介效应，声誉网络存在遮掩效应。

第二步，检验系数 a 和 b 的显著性。表6-14中第一行数值就是五种子网络对网络能力作用的系数 a 的显著性，声誉网络、物流创新网络、社会关系网络和物流协作网络分别为0.046、0.007、0.002、0.001，市场信息网络对网络能力的直接效应系数显著性为0.872，不显著。因此，声誉网络、物流创新网络、社会关系网络和物流协作网络的 a 和 b 系数均显著，间接效应显著，可直接转第四步。市场信息网络的系数 a 不显著，应进行第三步，对 ab 的显著性进行检验。

第三步，对 ab 显著性（原假设H0：$ab=0$）进行检验。表6-15中画线部分数值即为 ab 的显著性水平，可见市场信息网络对LSI绩效的间接效应 ab 系数显著性为0.797，间接效应不显著，分析结束，证明市场信息网络、网络能力与LSI成长绩效之间不存在中介效应，假设H4c不成立。

第四步，对系数 c' 进行检验。表6-14中第二行除最后一个网络能力对绩效直接效应系数显著性之外的数值，就是LSSC五种子网络对LSI成长绩效的直接效应 c' 的显著性。市场信息网络系数显著性为0.006，说明市场信息网络虽然不存在中介效应但是会对LSI成长绩效产生直接效应，直接效应值为0.387（见表6-11直接效应标准化系数）。物流创新网络、社会关系网络和物流协作网络系数显著性为0.562、0.968、0.304均不显著，证明物流创新网络、社会关系网络和物流协作网络与LSI成长绩效之间直接效应不显著。声誉网络系数显著性为0.018，存在直接效应。

第五步，比较声誉网络 ab 和 c' 的符号。参考表6-12间接效应标准化系数，查到声誉网络对LSI成长绩效的间接效应系数（即 ab 的值）为0.08，表6-11直接效应标准化系数中，声誉网络对LSI成长绩效的直接效应系数

（即 c' 的值）为 –0.329，ab 与 c' 异号，存在遮掩效应，$|ab/c'|$（即间接效应与直接效应之比）为 0.243，遮掩效应值为 24.3%。将网络能力的中介效应结果汇总，如表 6-16 所示。

表 6-16　网络能力的中介效应检验表

研究假设	路径	标准化间接效应系数	95% 置信区间		中介效应
			下限	上限	
H4a	社会关系网络→网络能力→成长绩效	0.105	[0.039，0.201]		完全中介
H4b	物流协作网络→网络能力→成长绩效	0.173	[0.064，0.406]		完全中介
H4c	市场信息网络→网络能力→成长绩效	0	[-0.152，0.118]		不支持
H4d	物流创新网络→网络能力→成长绩效	0.081	[0.009，0.193]		完全中介
H4e	声誉网络→网络能力→成长绩效	0.081	[0.004，0.204]		遮掩效应

为了使变量之间的关系更明确，删除了不显著的路径系数，LSSC 子网络、网络能力与 LSI 成长绩效的结构方程模型如图 6-3 所示。

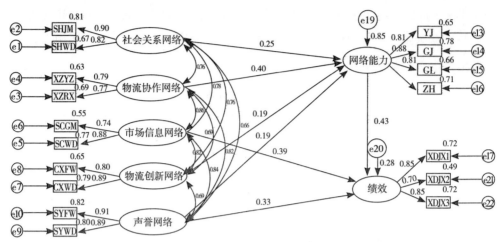

图 6-3 LSSC 子网络、网络能力与 LSI 成长绩效的结构方程模型图

第八节 实证结果分析与讨论

一、社会关系网络对 LSI 成长的作用机制分析

通过表 6-9 的假设检验结果表和图 6-3 的结构方程模型图可以知道，虽然社会关系网络与 LSI 成长绩效之间的标准化路径系数不显著，但是社会关系网络与网络能力之间的标准化路径系数为 0.25，网络能力→LSI 成长绩效的标准化路径系数是 0.43，并且通过中介效应检验，"社会关系网络→网络能力→LSI 成长绩效"之间中介效应显著，为完全中介。这说明，社会关系网络能够通过网络能力正向影响 LSI 成长绩效，这与吴俊杰和戴勇[204]、邱兵[241]等人的研究结果类似，证实了企业通过社会关系网络组织或吸收网络中资源的能力，以及社会关系网络通过网络能力影响 LSI 成长绩效。

二、市场信息网络对 LSI 成长的作用机制分析

"市场信息网络→绩效"的路径系数具有显著性，而"市场信息网络→

网络能力"路径系数不显著，"市场信息网络→网络能力→成长绩效"的中介效应检验不显著，但是标准化路径系数值为 0.39，即市场信息网络对 LSI 成长绩效会产生直接的正向影响。这说明与其他 LSSC 子网络相比，市场信息网络的一个显著特征为，及时准确的信息传递会对 LSI 成长产生直接影响，LSSC 网络中准确及时的信息资源，对于 LSI 成长作用非常重要。

三、声誉网络对 LSI 成长的作用机制分析

"声誉网络→绩效"具有显著的路径系数，但是声誉网络对 LSI 成长绩效产生负向影响。因为如果 LSI 投入了过多的资产为其发展和维护声誉关系网络，会给 LSI 的运营产生负担[157]。并且，当 LSI 与声誉伙伴在合作过程中出现突发情况，没有进行妥善解决时，就会对企业声誉产生负面影响。但是"声誉网络→网络能力→绩效"的影响均为正向影响，表明网络能力能够促进声誉网络对 LSI 成长绩效产生积极的影响，LSI 的网络能力具有关键的作用。有效地管理 LSI 的声誉网络，会促进 LSI 绩效的成长；缺乏有效的网络管理能力，会使声誉网络成为企业成长的负担。

四、物流创新网络对 LSI 成长的作用机制分析

通过表 6-9 的假设检验结果表和图 6-3 的结构方程模型图可以发现，物流创新网络→LSI 成长绩效的标准化路径系数不显著，但是物流创新网络与网络能力之间的标准化路径系数为 0.19，网络能力→LSI 成长绩效的标准化路径系数是 0.43，并且通过中介效应检验，"物流创新网络→网络能力→LSI 成长绩效"之间中介效应显著，为完全中介。这与陈学光[219]的研究结果一致，网络能力可以通过提高焦点企业主动建立新的交往关系成功的概率、容易继续得到创新伙伴的认可、与现有创新伙伴增加进一步合作的可能、有利于吸引潜在的创新伙伴、减少创新伙伴之间的冲突等方式影响创新网络特征。因此，LSI 要通过网络能力提高对物流创新网络的开发，促进企业物流活动创新，提升企业绩效发展。

五、物流协作网络对 LSI 成长的作用机制分析

通过表 6-9 的假设检验结果表和图 6-3 的结构方程模型图可以发现，物流协作网络→LSI 成长绩效的标准化路径系数不显著，物流协作网络→网络能力的标准化路径系数为 0.4，网络能力→LSI 成长绩效的标准化路径系数是 0.43，并且通过中介效应检验，"物流协作网络→网络能力→LSI 成长绩效"之间中介效应显著，为完全中介。这说明物流协作网络能够通过网络能力促进 LSI 成长。LSI 通过对物流协作资源的利用，通过网络能力的学习和利用，将其他合作伙伴的物流能力转化为本企业的资源，提升企业的物流服务能力，促进企业成长绩效的提高。

本章小结

　　本章通过建立"LSSC 子网络—网络能力—LSI 成长绩效"的理论模型，利用 502 份调查问卷对相关物流企业进行调查，通过一系列实证检验方法对数据进行分析，逐层深入地全面剖析了 LSSC 各子网络与网络、LSI 成长绩效之间的关系，以及网络能力在这个过程中的中介效应。

　　研究结果表明，LSSC 子网络与 LSI 成长绩效之间存在如下主要路径：

　　"社会关系网络→网络能力→LSI 成长绩效""市场信息网络→LSI 成长绩效""声誉网络→LSI 成长绩效""声誉网络→网络能力→LSI 成长绩效""物流创新网络→网络能力→LSI 成长绩效""物流协作网络→网络能力→LSI 成长绩效"，这些路径一起构成了 LSSC 子网络对 LSI 成长绩效的作用机制。具体而言，社会关系网络通过网络能力正向影响 LSI 绩效的成长；市场信息网络直接正向影响 LSI 成长绩效；声誉网络对 LSI 成长绩效产生负面影响，但是网络能力可以对声誉网络的负面影响进行调节，通过网络能力对 LSI 成长产生正向影响；物流创新网络、物流协作网络都通过网络能力对 LSI 绩效产生正向影响。

第七章　研究结论与展望

前文经过变量界定、探索性案例分析、理论推导与实证研究，对 LSSC 子网络、网络能力和 LSI 成长绩效之间影响关系的相关假设进行了检验。本章首先对本研究的主要结论进行总结，对本研究在 LSSC 研究领域的贡献进行了总结，并介绍了本研究对企业吸收网络资源促进企业成长提供一些启示，最后对本书的研究局限以及后续研究方向进行了介绍。

第一节　研究结论汇总

本研究以供应链管理理论、社会网络理论、企业能力理论、企业成长理论等理论为研究基础，利用 SPSS 22.0 和 AMOS 21.0 软件为分析工具，通过综合运用文献和理论分析、探索性案例分析、问卷调查和统计分析等方法，分析并解答了三个研究问题：①如何从网络资源观的视角理解 LSSC 网络？LSSC 网络由哪些子网络构成？如何度量这些子网络？② LSSC 的各类型子网络间会产生哪些相互影响？如何共同影响 LSI 成长绩效？③ LSI 的网络能

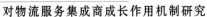

力在 LSSC 子网络影响 LSI 成长绩效的过程中起什么作用？通过前文的论证和分析过程，形成了以下研究结论：

（1）从网络资源视角来看，LSSC 网络是"成员企业间资源交换的网络，物流企业为了完成物流服务从 LSSC 网络中获取并整合网络资源，提升物流服务能力"，包括社会关系网络、市场信息网络、物流协作网络、物流创新网络和声誉网络五种子网络。

通过系统梳理企业间各类资源网络的研究，尤其是集成了 Lechner 和 Dowling[25] 等人对企业间网络类型的研究思路，并结合物流服务供应链理论和物流企业的特点，提出了上述有关 LSSC 网络的界定以及 LSSC 子网络类型的划分。本书认为，有别于创业初期企业，LSI 的 LSSC 网络可以划分为社会关系网络、市场信息网络、物流协作网络、物流创新网络和声誉网络五种子网络类型。本研究还据此设计了测度 LSSC 各子网络的量表，并通过实证研究证实该量表具有良好的信度和效度。本研究有助于系统地理解 LSSC 网络，是对 LSSC 和社会网络理论研究的有益补充，有助于拓展网络理论在物流行业的应用，补充和丰富了这一领域的研究成果。

（2）LSSC 各子网络间相互重叠并互相影响。

本书所做的第二个工作是对 LSSC 各子网络间关系进行深入分析。通过探索性案例分析，同时结合文献整理和理论分析，本研究提出了社会关系网络、物流协作网络、市场信息网络、物流创新网络和声誉网络之间的关系，以及它们与 LSI 成长绩效的关系，提出了概念模型和假设命题，并通过问卷调查和结构方程建模对其进行了检验。结论表明，社会关系网络会显著地正向影响市场信息网络、物流创新网络的发展。物流协作网络对市场信息网络、声誉网络、物流创新网络的发展具有显著的正向影响。物流创新网络会正向影响声誉网络的发展，市场信息网络的发展又会受到声誉网络的正向影响。LSSC 子网络之间相互影响，各子网络的发展相辅相成。

有关 LSSC 子网络对 LSI 成长的影响，其中社会关系网络对 LSI 绩效虽然没有直接的影响，但是会通过市场信息网络、物流创新网络对 LSI 绩效产生间接影响。物流协作网络对 LSI 绩效的影响会通过市场信息网络、声誉网络、物流创新网络进行传递。物流创新网络、市场信息网络正向影响 LSI 绩效，声誉网络对 LSI 绩效会产生负向影响。该研究有助于明晰和理解 LSSC 子网络间关系及其对 LSI 成长的影响，补充和丰富了这一领域的研究成果。

（3）LSSC 子网络通过网络能力作用于 LSI 成长绩效。

在证实了 LSSC 子网络对 LSI 成长的影响之后，将 LSI 的网络能力作为 LSSC 子网络影响 LSI 成长的重要中介，基于探索性案例研究，并结合文献整理和理论分析，提出了 LSSC 子网络通过网络能力影响 LSI 成长绩效的理论模型和假设，并通过实证方法对其进行了检验。实证结果表明：

社会关系网络通过网络能力影响 LSI 绩效成长，表明 LSI 会通过紧密和稳定的社会关系网络，获取企业发展所需要的资源，从而促进 LSI 成长。

物流协作网络通过网络能力影响 LSI 绩效成长，LSI 通过对物流协作资源的利用，通过网络能力的学习和利用，将其他合作伙伴的物流能力转化为自身的资源，提升物流服务能力，促进 LSI 成长绩效的提高。

市场信息网络的构建会对 LSI 绩效产生直接的影响，因此物流企业都非常重视信息网络的构建和市场需求的反馈，这有利于企业通过了解相关信息及时做出行动。此外，市场信息网络的共享也有利于企业间的沟通和交流，促进 LSI 合作伙伴的相互协作。

声誉网络会对 LSI 成长绩效产生消极影响，原因可能是 LSI 一旦在处理同声誉伙伴关系时出现问题，会产生负面的声誉影响。此外，如果 LSI 投入了过多的资产为其发展和维护声誉网络，会给其运营带来负担。但是通过网络能力的中介效应，声誉网络会给企业带来正面的影响，这证明能否使声誉网络对 LSI 成长绩效产生积极的影响，LSI 的网络能力具有关键的作用。有效地构建和管理 LSI 的声誉网络，会促进 LSI 绩效的成长；缺乏有效的网络管理能力，会使声誉网络成为企业发展的负担。

物流创新网络会通过网络能力正向影响 LSI 成长绩效，LSI 可以通过网络能力加强对物流创新网络的开发，使企业物流活动创新能力得到提高，并使企业绩效得到持续发展。

第二节　理论贡献

（1）界定了 LSSC 子网络类型，并确定了子网络的测量指标。

目前学者们还没有对 LSSC 子网络类型进行明确的划分，对各子网络的测量也没有确定统一的指标和测量量表。本书基于目前网络类型划分的相关研究成果，结合 LSSC 网络的特点，对 LSSC 网络内涵和子网络的构成进行了剖析，将 LSSC 网络划分为社会关系网络、市场信息网络、物流协作网络、物流创新网络和声誉网络五种类型，将社会网络理论引入 LSSC 的研究中，对 LSSC 网络的研究角度进行了进一步的拓展，使企业网络理论以及物流管理等相关理论领域的研究内容得到了深化。

（2）对 LSSC 子网络间相互关系进行了有益探索。

不同类型的企业子网络会发生重叠，并且某些网络需要其他网络来促进关系发展[25]，因此通过实证方法对各子网络间的关系进行了分析和验证。通过探索性案例研究及理论分析，对五种子网络间关系以及对 LSI 成长绩效的影响机制进行了分析。所得结论有助于更加系统地理解 LSSC 网络的结构和各子网络之间的关系，有利于企业在发展和构建 LSSC 各类子网络时，根据企业自身需要以及各子网络间的影响，有规划地布局和开展，为物流企业协调和管理各类子网络资源提供借鉴。

（3）剖析了 LSSC 子网络、网络能力及 LSI 成长绩效之间的影响，解释了通过网络能力的中介作用下，LSSC 各子网络对 LSI 成长绩效的影响机制，有助于对 LSSC 网络和物流企业成长研究的深入探索。

本研究提出并验证了 LSSC 子网络对物流服务集成商成长的作用机制。首先，本研究在对相关理论文献进行分析的基础上，借鉴成熟量表和相关专家建议确定了 LSSC 子网络的测度量表，之后选取四家典型的 LSI 物流企业，通过探索性案例分析和变量之间关系的理论推演，提出本研究的概念模型和研究假设，通过问卷调查获取了 502 份研究样本数据，并对数据进行了实证分析，对本研究提出的研究假设和理论模型进行了验证，最终确定了 LSSC 各子网络间相互关系，在网络能力中介作用下的 LSSC 子网络对 LSI 成长绩效影响的路径，进而给出了 LSSC 子网络对 LSI 成长的微观作用机制。本研究丰富了物流领域的实证研究成果。

第三节　实践启示

物流企业能够占有的资源是非常有限的，要学会以网络化的视角，寻找物流战略合作伙伴，利用 LSSC 网络促进物流企业形成自身的核心竞争力。LSSC 各子网络之间存在相互重叠，因此物流企业要注意各类网络之间的相互影响，不要忽视某一子网络或过分强调某些子网络的发展。具体来说，需要注意以下几个方面：

（1）发展社会关系网络。物流企业管理者需要增加同其他组织负责人交流的频率和时间，增加社会关系的紧密性；同时也要履行诺言，困难时相互帮助，维持社会关系的稳定性，通过社会关系网络的发展，建立企业间信任，从而促进合作及企业发展。

（2）要重视声誉网络对物流企业的重要性。物流企业提供的产品是无形的物流服务，所以声誉是对物流企业综合能力的评判。物流企业提高声誉可以从扩大声誉网络范围、增加合作企业、提高同行或客户认可等方面努力。此外，物流企业还要维护声誉的稳定性，遵守合同，在应对冲突时协商解决，合作优先。

（3）发展市场信息网络，扩大市场信息网络范围。物流企业需要增加客户和分包商数量，使企业获得信息和推荐新用户的渠道得到扩展，同时要注意市场信息网络的稳定性，与分包商客户保持较好合作并及时提供技术支持。

（4）发展物流创新网络，使创新网络范围变得更大。物流企业需要接近创新资源的来源，如客户、竞争对手和科研机构等，还要提高稳定性，使企业获取新知识更容易，提高客户分包商服务问题反馈的积极性。

（5）重视同 LSSC 网络中成员企业的相互协作，发展物流协作网络。物流企业要通过专业化分工形成企业自身的核心竞争力，并注意市场情况变化，提高企业灵活应对的能力。

（6）建议物流企业在发展各种子网络时，注意各子网络间的相互影响，重视社会关系网络对市场信息网络、物流创新网络的发展的影响；重视与物流合作伙伴协作关系的发展，因为物流协作网络会对市场信息网络、声誉网络、物流创新网络的发展产生影响；同时认识到物流创新网络对企业声誉网络及 LSI 绩效的影响；并注意谨慎对待企业声誉网络，充分利用其为企业带来的优势，同时妥善处理问题，避免为企业声誉带来不良影响；重视市场信息网络对 LSI 绩效产生正向影响。

（7）充分意识到物流企业通过各类型 LSSC 子网络中获取发展所需资源的重要性，以网络化的视角，对物流企业外部网络进行布局和规划，寻找物流合作伙伴，促进物流企业利用 LSSC 网络形成核心竞争力。根据企业对网络资源的发展需求，对各类网络发展所需投入资本与其带来的潜在价值进行评估，使企业用最经济的成本获得发展所需的最优网络资源。同时，物流企业也需要发展自身对网络资源利用的能力，重视对 LSSC 网络的规划、构建、管理和组合，促进企业更好地对 LSSC 网络中各类资源进行优化配置，实现企业成长的目标。

第四节　研究局限及展望

本书首先通过对企业间关系网络中有关各种子网络资源的理论、LSSC 网络及网络能力的理论进行梳理，然后确定了 LSSC 子网络的类型及测度量表，之后通过集成型物流企业进行了案例分析和问卷调查，对 LSSC 五种子网络间关系、LSSC 网络与 LSI 成长绩效之间关系，以及网络能力中介作用下的 LSSC 子网络与 LSI 成长的影响的各项研究假设进行了逐一验证，得到了 LSSC 网络对 LSI 成长绩效的作用机制。虽然得到了一些研究成果，但仍存在一些不足，需要在未来研究中加以改善。

本研究中涉及的变量均为抽象概念，例如 LSSC 网络的类型内容很多，然而出于研究的局限性，本研究仅选取了五种主要的子网络类型来进行测量，以反映 LSSC 网络的特点和物流企业的特点，无法对 LSSC 网络的所有子网络进行全面的测量。

另外，本研究设计的调查问卷虽然基于文献综述和专家访谈多次进行了修正，信度和效度水平较高，但打分法主观性强，仍然会受到受访者主观态度的影响，所以无法避免地会存在误差，笔者在研究中尽量根据统计学要求将这一误差降到最低。因此未来可以通过增加客观数据对 LSSC 子网络进行量化，使研究质量进一步提高。

在本研究的基础上，笔者认为后续的研究可以沿着以下两个方向展开：

第一，从长期来看，LSSC 子网络是一个逐渐形成和演化的过程，LSSC 子网络对于处于企业不同生命周期的 LSI 的影响也许会发生变化。如果能够获得有关 LSSC 子网络、网络能力等方面的大样本数据，不仅可以深化 LSSC 子网络对 LSI 成长绩效的动态作用过程和机制，也可以对 LSSC 子网络的演化规律进行深入的研究，从而带来更有指导意义的结论。

第二，本研究考察了 LSSC 子网络对 LSI 成长绩效的影响，未来可进一步考察经营成本与风险等因素对 LSSC 子网络和 LSI 的影响，以及如何对 LSI 获得的网络收益与网络投入成本和风险之间进行平衡。目前 LSSC 的收益问题已经得到学者们的广泛关注和深入研究，但 LSSC 给其核心企业 LSI 带来的网络成本和建立外部关系所涉及的风险问题却得到较少的关注，如果能就该问题进一步深入研究，将会对企业实践具有更有意义的指导。

本章小结

　　本章对研究结论进行了汇总并介绍了本书的理论贡献及实践启示：本书确定了 LSSC 子网络的类型，对 LSSC 五种子网络间关系，LSSC 网络与 LSI 成长绩效之间关系，以及网络能力中介作用下的 LSSC 子网络与 LSI 成长的影响，得到了 LSSC 网络对 LSI 成长绩效的作用机制。在理论方面，对 LSSC 子网络的测量以及各子网络对 LSI 成长的影响进行了实证验证，利用企业调研数据分析不同子网络对 LSI 成长的影响因素；在实践方面，为企业利用外部网络促进企业成长提供了一些建议和参考。最后也指出了本研究的不足之处及未来研究方向。

参考文献

[1] 中国物流与采购取合会, 中国物流学会. 中国物流发展报告 (2014—2015)[M]. 北京 : 中国财富出版社 , 2015.

[2] 中国物流与采购取合会, 中国物流学会. 中国物流发展报告 (2013—2014)[M]. 北京 : 中国财富出版社 , 2014.

[3] 张之梅 . 中外企业成长理论研究述评 [J]. 经济与管理评论 ,2010, 26(1):60- 66.

[4] KRAAIJENBRINK J, SPENDER J C, GROEN A J. The resource-based view: a review and assessment of its critiques[J]. Journal of management: official journal of the Southern Management Association, 2010, 36(1): 349-372.

[5] WERNERFELT B. The use of resources in resource acquisition[J]. Journal of management, 2013, 37(5): 1369-1373.

[6] COLLIS D J, MONTGOMERY C A. Competing on resources[J]. Harvard business review, 2008, 34(4): 118-128.

[7] BARNEY J B. Looking inside for competitive advantage[J]. Academy of management executive, 1995, 9(4): 49-61.

[8] HELFAT C E, PETERAF M A. Understanding dynamic capabilities: progress along a developmental path[J]. Strategic organization, 2009, 7(1): 91–102.

[9] PRAHALAD C K, HAMEL G. The core competence of the corporation[J]. Harvard business review, 1993, 68(3): 275–292.

[10] TEECE D J, PISANO G, SHUEN A. Dynamic capabilities and strategic management [J]. Strategic management journal, 2015, 18(7): 509–533.

[11] 于洋. 企业成长理论中资源观与能力论的反思 [J]. 经济研究导刊, 2008, 10(29): 33–36.

[12] DYER J H. Specialized supplier networks as a source of competitive advantage: evidence from the auto industry[J]. Strategic management journal, 1996, 17(4): 271–291.

[13] DYER J H, HATCH N W. Relation–specific capabilities and barriers to knowledge transfers: creating advantage through network relationships[J]. Strategic management journal, 2006, 27(8): 701–719.

[14] LIN N, ENSEL W M, VAUGHN J C. Social resources and strength of ties: structural factors in occupational status attainment[J]. American sociological review, 1981, 46(4): 393–405.

[15] GULATI R. Network location and learning: the influence of network resources and firm capabilities on alliance formation[J]. Strategic management journal, 1999, 20(5): 397–420.

[16] BOURDIEU P. The social space and the genesis of groups[J]. Theory and society, 1985, 14(6): 723–744.

[17] COLEMAN J. Competition and the structure of industrial society: reply to Braithwaite [J]. American journal of sociology, 1988, 94(3): 632–636.

[18] 帕特南. 使民主运转起来 [M]. 王列, 赖海格, 译. 南昌: 江西人民出版社, 2001.

[19] ADLER P S. Social capital: prospects for a new concept[J]. Academy of management review, 2002, 27(1): 17-40.

[20] EISENHARDT K M, MARTIN J A. Dynamic capabilities: what are they?[J]. Strategic management journal, 2000, 21(10/11): 1105-1121.

[21] ZOLLO M, WINTER S G. Deliberate learning and the evolution of dynamic capabilities[J]. Organization science, 2002, 13(3): 339-351.

[22] MCEVILY S, EISENHARDT K, PRESCOTT J. The global acquisition, leverage and protection of technological competencies [J]. Strategic management journal, 2004, 25(8-9): 713-722.

[23] 马刚. 基于战略网络视角的产业区企业竞争优势实证研究 [D]. 杭州：浙江大学, 2005.

[24] 方刚. 基于资源观的企业网络能力与创新绩效关系研究 [D]. 杭州：浙江大学, 2008.

[25] LECHNER C, DOWLING M. Firm networks: external relationships as sources for the growth and competitiveness of entrepreneurial firms[J]. Entrepreneurship & regional development, 2003, 15(1): 1-26.

[26] 何婵, 刘伟. 物流服务供应链网络属性分析 [J]. 企业经济, 2013(7): 56-59.

[27] 刘伟, 高志军. 物流服务供应链：理论架构与研究范式 [J]. 商业经济与管理, 2012(4): 19-25.

[28] ANDERSON A R, JACK S L, DODD S D. The role of family members in entrepreneurial networks: beyond the boundaries of the family firm[J]. Family business review, 2005, 18(2): 135-154.

[29] JOHANNISSON B, ALEXANDERSON O, NOWICKI K, et al. Beyond anarchy and organization: entrepreneurs in contextual networks[J]. Entrepreneurship & regional development, 1994, 6(4): 329-356.

[30] BROWN B, BUTLER J E. Competitors as allies: a study of entrepreneurial

networks in the U.S. wine industry[J]. Journal of small business management, 1995, 33(3): 57–66.

[31] HUMAN S E, PROVAN K G. External resource exchange and perceptions of competitiveness within organizational networks: An organizational learning perspective[J]. Frontiers for entrepreneurship research, 1996, 45(2): 327–669.

[32] NEWBERT S L, TORNIKOSKI E T. Supporter networks and network growth: a contingency model of organizational emergence[J]. Small business economics, 2012, 39(1): 1–19.

[33] RINDOVA V P, YEOW A, MARTINS L L, et al. Partnering portfolios, value-creation logics, and growth trajectories: a comparison of Yahoo and Google (1995 to 2007)[J]. Strategic entrepreneurship journal, 2012, 6(2): 133–151.

[34] VISSA B, BHAGAVATULA S. The causes and consequences of churn in entrepreneurs' personal networks[J]. Strategic entrepreneurship journal, 2012, 6(3): 273–289.

[35] KIM P H, ALDRICH H E. Social capital and entrepreneurship[J]. Foundations & trends in entrepreneurship, 2005, 1(2): 245–268.

[36] JACK L. Stocks of knowledge, simplification and unintended consequences: the persistence of post–war accounting practices in UK agriculture[J]. Management accounting research, 2005, 16(1): 59–79.

[37] OZDEMIR S Z, MORAN P, ZHONG X, et al. An analytical investigation of the entrepreneur's ability to acquire valued resources from others[J]. Academy of management annual meeting proceedings, 2014, (1): 15188.

[38] BRÜDERL J, PREISENDÖRFER P. Network support and the success of newly founded business[J]. Small business economics, 1998, 10(3): 213–225.

[39] GIMENO J, FOLTA T B, COOPER A C, et al. Survival of the fittest? Entrepreneurial human capital and the persistence of underperforming firms[J]. Administrative

science quarterly, 1997, 42(4): 750–783.

[40] DUBINI P, ALDRICH H. Personal and extended networks are central to the entrepreneurial process [J]. Journal of business venturing, 1991, 6(5): 305–313.

[41] JOHANNISSON R, WINKING H. Pachytene chromosomes in trisomy 19 male mice with robertsonian translocations[J]. Chromosome research, 1998, 6(4): 285–94.

[42] HOANG H, GIMENO J. Becoming a founder: how founder role identity affects entrepreneurial transitions and persistence in founding [J]. Journal of business venturing, 2010, 25(1): 41–53.

[43] NICOLAOU N, BIRLEY S. Social networks in organizational emergence: The university spinout phenomenon[J]. Management science, 2003, 49(12): 1702–1725.

[44] FLAMMER C, KACPERCZYK A. The impact of stakeholder orientation on innovation: evidence from a natural experiment[J]. Management science, 2016, 62(1): 1982–2001.

[45] KLYVER K, HINDLE K, MEYER D. Influence of social network structure on entrepreneurship participation—a study of 20 national cultures[J]. International entrepreneurship & management journal, 2008, 4(3): 331–347.

[46] DE CLERCQ D, DANIS W M, DAKHLI M. The moderating effect of institutional context on the relationship between associational activity and new business activity in emerging economies[J]. International business review, 2010, 19(1): 85–101.

[47] DANIS W M, DE CLERCQ D, PETRICEVIC O. Are social networks more important for new business activity in emerging than developed economies? An empirical extension[J]. International business review, 2011, 20(4): 394–408.

[48] KREISER P M, PATEL P C, FIET J O. The influence of changes in social capital

on firm—founding activities[J]. Entrepreneurship theory and practice, 2013, 37(3): 539–568.

[49] ACHROL R S, KOTLER P. Marketing in network economy[J]. Journal of marketing, 1999, 63(4): 146–163.

[50] RINDFLEISCH A, MOORMAN C. The acquisition and utilization of information in new product alliances: a strength–of–ties perspective[J]. Journal of marketing, 2001, 65(2): 1–18.

[51] ETGAR M. A descriptive model of the consumer co–production process[J]. Journal of the academy of marketing science, 2008, 36(1): 97–108.

[52] SWAMINATHAN V, MOORMAN C. Marketing alliances, firm networks, and firm value creation[J]. Journal of marketing, 2009, 73(5): 52–69.

[53] DAY G S. Closing the marketing capabilities gap[J]. Journal of marketing, 2011, 75(4): 183–195.

[54] ZONTANOS G, ANDERSON A R. Relationships, marketing and small business: an exploration of links in theory and practice[J]. Qualitative market research, 2004, 7(3): 228–236.

[55] WEBSTER F, MALTER A J, GANESAN S. The role of marketing in the corporation: a perpetual work in progress[J]. SSRN electronic journal, 2004.

[56] JÜTTNER U, CHRISTOPHER M, BAKER S. Demand chain management—integrating marketing and supply chain management[J]. Industrial marketing management, 2007, 36(3): 377–392.

[57] ANDERSON A R, PARK J, JACK S L. Entrepreneurial social capital conceptualizing social capital in new high–tech firms[J]. International small business journal, 2007, 25(3): 245–272.

[58] OZGEN E, BARON R A. Social sources of information in opportunity recognition: effects of mentors, industry networks, and professional forums [J]. Journal of

business venturing, 2007, 22(2): 174–192.

[59] TANG Y K. The influence of networking on the internationalization of SMEs: evidence from internationalized Chinese firms[J]. International small business journal, 2011, 29(4): 374–398.

[60] AL-LAHAM A, SOUITARIS V. Network embeddedness and new venture internationalization: analyzing international linkages in the german biotech industry[J]. Journal of business venturing, 2008, 23(5): 567–586.

[61] FOMBRUN C J. Reputation: realizing value from the corporate image[M]. Boston: Harvard Business School press, 1996.

[62] 王夏阳, 陈宏辉. 基于资源基础与网络能力的中小企业国际化研究 [J]. 外国经济与管理, 2002(6): 25–32.

[63] XIE C, HAUGLAND S. Formation of reputation in business markets[J]. Journal of business-to-business marketing, 2016, 23(1): 25–45.

[64] ELFRING T, HULSINK W. Networks in entrepreneurship: the case of high-technology firms[J]. Small business economics, 2003, 21(4): 409–422.

[65] HIGGINS M C, GULATI R. Getting off to a good start: The effects of upper echelon affiliations on underwriter prestige[J]. Organization science, 2003, 14(3): 244–263.

[66] STUART T E, HOANG H, HYBELS R C. Interorganizational endorsements and the performance of entrepreneurial ventures[J]. Administrative science quarterly, 1999, 44(2): 315–349.

[67] GULATI R, HIGGINS M C. Which ties matter when? the contingent effects of interorganizational partnerships on IPO success[J]. Strategic management journal, 2003, 24(2): 127–144.

[68] OZMEL U, REUER J J, GULATI R. Signals across multiple networks: how venture capital and alliance networks affect interorganizational collaboration. [J].

Academy of management journal, 2012, 56(3): 852–866.

[69] BEUVE J, SAUSSIER S. Enhancing cooperation in interfirm relationships: the role of reputation and (in) formal agreements[J]. SSRN Electronic journal, 2008, 73(10): 154–159.

[70] AALBERS R, LAMBERT V D L. Transaction costs and reputation–based trust in biotech alliances[J]. SSRN Electronic journal, 2006.

[71] CHANDLER D, HAUNSCHILD P R, RHEE M, et al. The effects of firm reputation and status on interorganizational network structure[J]. Strategic organization, 2013, 11(3): 217–244.

[72] BURT R S. Network structure of advantage, a draft chapter of the book network structure of advantage[M]. Chicago, inedited, 2013.

[73] GRONUM S, VERREYNNE M L, KASTELLE T. The role of networks in small and medium–sized enterprise innovation and firm performance[J]. Journal of small business management, 2012, 50(2): 257–282.

[74] LASAGNI A. How can external relationships enhance innovation in SMEs? New evidence for Europe [J]. Journal of small business management, 2012, 50(2): 310–339.

[75] GELLYNCK X, KÜHNE B. Horizontal and vertical networks for innovation in the traditional food sector[J]. International journal on food system dynamics, 2010, 1(2): 123–132.

[76] AHUJA G. The duality of collaboration: inducements and opportunities in the formation of interfirm linkages[J]. Strategic management journal, 2000, 21(3): 317–343.

[77] POWELL W W, KOPUT K W, SMITH–DOERR L. Interorganizational collaboration and the locus of innovation: networks of learning in biotechnology[J]. Administrative science quarterly, 1996, 41(1): 116–145.

[78] GRANDORI A. An organizational assessment of interfirm coordination modes[J]. Organization studies, 1997, 18(6): 897–925.

[79] GRANDORI A, SODA G. Inter–firm networks: antecedents, mechanisms and forms[J]. Organization studies, 1995, 16(2): 183–214.

[80] ALMEIDA P, KOGUT B. Localization of knowledge and the mobility of engineers in regional networks[J]. Management science, 1999, 45(7): 905–917.

[81] CHETTY S K, STANGL L M. Internationalization and innovation in a network relationship context[J]. European journal of marketing, 2010, 44(11/12): 1725–1743.

[82] EISENHARDT K M, SCHOONHOVEN C B. Resource–based view of strategic alliance formation: strategic and social effects in entrepreneurial firms[J]. Organization science, 1996, 7(2): 136–150.

[83] HAGEDOORN J, DUYSTERS G. External sources of innovative capabilities: the preferences for strategic alliances or mergers and acquisitions[J]. Journal of management studies, 2002, 39(2): 167–188.

[84] LIEBESKIND J P, OLIVER A L, ZUCKER L, et al. Social networks, learning, and flexibility: sourcing scientific knowledge in new biotechnology firms[J]. Social science electronic publishing, 1996, 7(4): 428–443.

[85] COOKE P. The new wave of regional innovation networks: analysis, characteristics and strategy[J]. Small business economics, 1996, 8(2): 159–171.

[86] ERICKSON C L, JACOBY S M. The effect of employer networks on workplace innovation and training[J]. Social science electronic publishing, 2003, 56(2): 203–223.

[87] KAUFMANN A, TÖDTLING F. Science–industry interaction in the process of innovation: the importance of boundary–crossing between systems[J]. Research policy, 2001, 30(5): 791–804.

[88] ROMIJN H, ALBU M. Innovation, networking and proximity: lessons from small high technology firms in the UK[J]. Regional studies, 2010, 36(36): 81–86.

[89] PITTAWAY L, ROBERTSON M, MUNIR K, et al. Networking and innovation: a systematic review of the evidence[J]. International journal of management reviews, 2004, 5(3–4): 137–168.

[90] RAGATZ G L, HANDFIELD R B, SCANNELL T V. Success factors for integrating suppliers into new product development [J]. Journal of product innovation management, 1997, 14(3): 190–202.

[91] PÉREZ M P, SÁNCHEZ A M. Lean production and technology networks in the Spanish automotive supplier industry (1).[J]. Management international review, 2002, 42(July): 261–277.

[92] CONWAY S. Informal boundary–spanning communication in the innovation process: an empirical study[J]. Technology analysis & strategic management, 1995, 7(3): 327–342.

[93] WALSH V, ROY R, BRUCE M. Competitive by design[J]. Journal of marketing management, 2010, 4(2): 201–216.

[94] OAKEY R P. Predatory networking: the role of small firms in the development of the British biotechnology industry[J]. International small business journal, 1993, 11(4): 9–22.

[95] VERSPAGEN B. Large firms and knowledge flows in the dutch R&D system: a case study of Philips Electronics[J]. Technology analysis & strategic management, 1999, 11(2): 211–233.

[96] BOUGRAIN F, HAUDEVILLE B. Innovation, collaboration and SMEs internal research capacities[J]. Research policy, 2002, 31(5): 735–747.

[97] CORSARO D, CANTÙ C, TUNISINI A. Actors' heterogeneity in innovation networks[J]. Industrial marketing management, 2012, 41(5): 780–789.

[98] PARKHE A. Interfirm diversity, organizational learning, and longevity in global strategic alliances[J]. Journal of international business studies, 1991, 22(4): 579–601.

[99] MADHOK A, TALLMAN S B. Resources, transactions and rents: managing value through interfirm collaborative relationships[J]. Organization science, 1998, 9(3): 326–339.

[100] SCHILLING M A, PHELPS C C. Interfirm collaboration networks: the impact of large–scale network structure on firm innovation[J]. Management science, 2007, 53(7): 1113–1126.

[101] MOWERY D C, OXLEY J E, SILVERMAN B S. Technological overlap and interfirm cooperation: implications for the resource–based view of the firm[J]. Research policy, 1998, 27(5): 507–523.

[102] MEULEMAN M, LOCKETT A, MANIGART S, et al. Partner selection decisions in interfirm collaborations: the paradox of relational embeddedness[J]. Journal of management studies, 2010, 47(6): 995–1019.

[103] ADOBOR H. Inter - firm collaboration: configuration and dynamics[J]. Competitiveness review, 2006, 16(2): 122–134.

[104] LUI S S, NGO H Y, LUI S S. The influence of structural and process factors on partnership satisfaction in interfirm cooperation[J]. Group & organization management, 2005, 30(30): 378–397.

[105] MADHAVAN R, KOKA B R, PRESCOTT J E. Networks in transition: how industry events reshape interfirm relationships[J]. Strategic management journal, 1998, 19(5): 439–459.

[106] GILSON R J, SCOTT R E. Contracting for innovation: vertical disintegration and interfirm collaboration[J]. SSRN Electronic journal, 2008, 109(3): 431–502.

[107] PARKER H. Interfirm collaboration and the new product development process[J].

Industrial management & data systems, 2000, 100(6): 255–260.

[108] SARAF N, LANGDON C S, GOSAIN S. Is application capabilities and relational value in interfirm partnerships[J]. Information systems research, 2007, 18(3): 320–339.

[109] TONG T W, REUER J J. Competitive consequences of interfirm collaboration: how joint ventures shape industry profitability[J]. Journal of international business studies, 2010, 41(6): 1056–1073.

[110] STOCK G N, GREIS N P, KASARDA J D. Logistics, strategy and structure[J]. International journal of operations & production management, 1998, 18(1): 37–52.

[111] HUEMER L. Unchained from the chain: supply management from a logistics service provider perspective[J].Journal of business research, 2012, 65(2): 258–264

[112] PERSSON G, VIRUM H. Growth strategies for logistics service providers: a case study[J]. International journal of logistics management, 2001, 12(1): 53–64.

[113] CHOY K L. Managing uncertainty in logistics service supply chain[J]. International journal of risk assessment & management, 2007, 7(1): 19–43.

[114] WANG X, PERSSON G, HUEMER L. Logistics service providers and value creation through collaboration: a case study[J]. Long range planning, 2014, 49(1): 117–128.

[115] CUI L, HERTZ S. Networks and capabilities as characteristics of logistics firms[J]. Industrial marketing management, 2011, 40(6): 1004–1011.

[116] 田宇. 物流服务供应链构建中的供应商选择研究 [J]. 物流技术, 2002, 23(4): 49–53.

[117] 申成霖, 汪波. 物流服务供应商的选择决策问题 [J]. 南京林业大学学报 (人文社会科版), 2005, 5(1): 72–75.

[118] 蔡云飞, 邹飞. 物流服务供应链及其构建 [J]. 企业改革与管理, 2006(8): 17–18.

[119] 刘伟华. 物流服务供应链能力合作的协调研究 [D]. 上海 : 上海交通大学, 2007.

[120] 崔爱平. 基于供应链契约的物流服务供应链能力优化与协调研究 [D]. 上海 : 上海海事大学, 2008.

[121] 高志军, 刘伟, 王岳峰. 基于物流能力的物流服务供应链研究 [J]. 中国市场, 2009(23): 17–20.

[122] KLEIN R, RAI A. Interfirm strategic information flows in logistics supply chain relationships[J]. Mis quarterly, 2009, 33(4): 735–762.

[123] 桂寿平, 丁郭音, 张智勇, 等. 基于 Anylogic 的物流服务供应链牛鞭效应仿真分析 [J]. 计算机应用研究, 2010, 27(1): 138–140.

[124] 鄢飞, 董千里. 物流服务供应链节点协同关系及生长演化机理分析 [J]. 北京交通大学学报 (社会科学版), 2012(4): 58–64.

[125] 陈虎. 物流服务供应链构建与绩效评价研究 [D]. 成都 : 西南交通大学, 2013.

[126] 宋志刚. 客户价值视角下物流服务供应链利益协调机制研究 [D]. 北京 : 北京交通大学, 2016.

[127] 张德海, 王美英. 物流服务供应链协同理论与实践研究 [M]. 重庆 : 重庆大学出版社, 2011.

[128] 刘伟华, 刘希龙. 服务供应链管理 [M]. 北京 : 中国物资出版社, 2009.

[129] 闫秀霞, 孙林岩, 王侃昌. 物流服务供应链模式特性及其绩效评价研究 [J]. 中国机械工程, 2008(9): 969–974.

[130] 张辰彦. 物流服务供应链协同问题探讨 [J]. 科技与管理, 2007(5): 33–36.

[131] 田宇. 物流服务供应链构建中的供应商选择研究 [J]. 系统工程理论与实践, 2003(5): 49–53.

[132] 李向文. 现代物流发展战略 [M]. 北京 : 清华大学出版社 , 北京交通大学出版社 , 2010.

[133] 徐杰 , 鞠颂东. 物流网络的内涵分析 [J]. 北京交通大学学报 (社会科学版), 2005, 4(2): 22–26.

[134] 陈嘉翔. 物流网络演化机理与演化模型研究 [D]. 成都 : 西南交通大学 , 2014.

[135] 宗会明 , 周素红 , 闫小培. 基于公司层面的物流网络组织 : 以南方物流公司为例 [J]. 地理科学 , 2009, 29(4): 477–484.

[136] 邢小强 , 仝允桓. 网络能力 : 概念、结构与影响因素分析 [J]. 科学学研究 , 2006, 24: 558–563.

[137] RITTER T. The networking company: antecedents for coping with relationship and networks effectively[J]. Industrial marketing management, 1999, 28: 467–479.

[138] RITTER T, GEMUNDEN H G. Network competence: its impact on innovation success and its antecedents[J]. Journal of business research, 2003, 56: 745–755.

[139] 朱秀梅 , 陈琛 , 杨隽萍. 新企业网络能力维度检验及研究框架构建 [J]. 科学学研究 , 2010, 28(8): 1222–1229.

[140] 任胜钢 , 孟宇 , 王龙伟. 企业网络能力的结构测度与实证研究 [J]. 管理学报 , 2011, 8(4): 531–538.

[141] IANSITI M, CLARK K B. Integration and dynamic capability: evidence from product development in automobiles and mainframe computers[J]. Industrial & corporate change, 1994, 3(3): 557–605.

[142] DOVING E, GOODERHAM P N. Dynamic capabilities as antecedents of the scope of related diversification: the case of small firm accountancy practices[J]. Strategic management journal, 2008, 29(8): 841–857.

[143] WALES W J, PATEL P C, PARIDA V, et al. Nonlinear effects of entrepreneurial

orientation on small firm performance: the moderating role of resource orchestration capabilities[J]. Strategic entrepreneurship journal, 2013, 7(2): 93–121.

[144] 姜黎辉, 张朋柱, 彭诗金. 技术机会识别能力与企业网络合作能力关系研究 [J]. 科技进步与对策, 2006, 23(7): 8–13.

[145] LANE P J, LUBATKIN M. Relative absorptive capacity and interorganizational learning[J]. Strategic management journal, 1998, 19(5): 461–477.

[146] 陈宇科, 孟卫东, 皮星. 论合作创新网络对企业吸收能力的培养和提升 [J]. 科技管理研究, 2010, 30(4): 143–145.

[147] 李铮. 组织间关系协调的合作利益模型实证研究 [D]. 厦门: 厦门大学, 2008.

[148] TIWANA A. Do bridging ties complement strong ties? An empirical examination of alliance ambidexterity[J]. Strategic management journal, 2008, 29(3): 251–272.

[149] BARNEY J. Firm resources and sustained competitive advantage[J]. Journal of management, 1991, 17(1): 99–120.

[150] PETERAF M A. The cornerstones of competitive advantage: a resource–based view[J]. Strategic management journal, 1993, 14(3): 179–91.

[151] OLIVER C. Sustainable competitive advantage: combining institutional and resource–based views[J]. Strategic management journal, 1997, 18(8): 697–713.

[152] HUGGINS R. Network resources and knowledge alliances: sociological perspectives on inter–firm networks as innovation facilitators[J]. International journal of sociology and social policy, 2010, 8(9/10): 515–531.

[153] 寿柯炎, 魏江. 网络资源观: 组织间关系网络研究的新视角 [J]. 情报杂志, 2015(9): 163–169.

[154] 吴结兵. 基于企业网络结构与动态能力的产业集群竞争优势研究 [D]. 杭

州 : 浙江大学 , 2006.

[155] 刘伟华 , 季建华 . 服务供应链 : 供应链研究新趋势 [M]. 北京 : 中国物资出版社 , 2006.

[156] WATSON J. Modeling the relationship between networking and firm performance[J]. Journal of business venturing, 2007, 22(22): 852–874.

[157] LECHNER C, DOWLING M. The evolution of industrial districts and regional networks: the case of the biotechnology region munich/martinsried[J]. Journal of management & governance, 1999, 3(4): 309–338.

[158] 吕一博 , 苏敬勤 . 企业网络与中小企业成长的关系研究 [J]. 科研管理 , 2010, 31(4): 39–48.

[159] 冯文娜 . 网络对企业成长影响的实证研究 : 以济南中小软件企业为例 [D]. 济南 : 山东大学 , 2008.

[160] 宋娟娟 , 刘伟 , 高志军 . 物流服务供应链网络对物流服务集成商成长的作用机制 : 以网络能力为中介 [J]. 中国流通经济 , 2016, 30(9): 49–59.

[161] 车文辉 . 物流企业的社会网络特征与企业间信任的构建 [J]. 湖南大学学报 (社会科学版), 2011, 25(4): 107–112.

[162] 李坚飞 , 黄福华 . 中小企业共同物流服务稳定性的影响机理 : 基于社会资本理论的结构解析与实证检验 [J]. 系统工程 , 2013(7): 52–58.

[163] WALKER G, KOGUT B, SHAN W. Social capital, structural holes and the formation of an industry network[J]. Organization science, 1997, 8(2): 109–125.

[164] LECHNER C, DOWLING M, WELPE I. Firm networks and firm development: the role of the relational mix [J]. Journal of business venturing, 2006, 21(4): 514–540.

[165] CILLO P, LUCA L M D, TROILO G. Market information approaches, product innovativeness, and firm performance: an empirical study in the fashion industry[J]. Research policy, 2010, 39(9): 1242–1252.

[166] WOODRUFF R B. Customer value: the next source for competitive advantage[J]. Journal of the academy of marketing science, 1997, 25(2): 139–153.

[167] 邵兵家, 刘小红. 第三方物流企业市场导向度对绩效影响的实证研究 [J]. 南开管理评论, 2005, 8(6): 91–95.

[168] LANGE D, LEE P M, DAI Y. Organizational reputation: a review[J]. Journal of management, 2011, 37(1): 153–184.

[169] WALSH G, BEATTY S E. Customer-based corporate reputation of a service firm: scale development and validation[J]. Journal of the academy of marketing science, 2007, 35(1): 127–143.

[170] 刘丹. 服务创新对物流企业绩效影响的实证研究 [J]. 技术经济, 2013, 32(5): 28–35.

[171] 田雪, 司维鹏, 杨江龙. 网络嵌入与物流企业服务创新绩效的关系: 基于动态能力的分析 [J]. 技术经济, 2015, 34(1): 62–68.

[172] MORRIS M, CARTER C R. Relationship marketing and supplier logistics performance: an extension of the key mediating variables model[J]. Journal of supply chain management, 2005, 41(4): 32–43.

[173] NYAGA G N, WHIPPLE J M, LYNCH D F. Examining supply chain relationships: do buyer and supplier perspectives on collaborative relationships differ? [J]. Journal of operations management, 2010, 28(2): 101–114

[174] DEEDS D L, DEMIRKAN I. Research collaboration networks and innovation output [A]. Academy of management proceedings, 2007: 1–6.

[175] CHURCHILL G A. A paradigm for developing better measures of marketing constructs [J]. Journal of marketing research, 1979, 16(2): 64–73.

[176] 风笑天. 社会学研究方法 (二)[M]. 北京: 中国人民大学出版社, 2005.

[177] FORNELL C, LARCKER D F. Evaluating structural equation models with unobservable variables and measurement error [J]. Journal of marketing

research, 1981, 18(2): 39–50.

[178] 吴艳 , 温忠麟 . 结构方程建模中的题目打包策略 [J]. 心理科学进展 , 2011,
19(12): 1859–1867.

[179] EISENHARDT K M. Building theories from case study research [J]. Academy of
management review, 1989, 14(4): 532–550.

[180] 马翠华 . 基于能力合作的物流服务供应链协同机制研究 [J]. 中国流通经济 ,
2009(2): 24–27.

[181] MOHAN K, ZAILANI S. Service supply chain: how does it effects to the logistics
service effectiveness? [Z]//ONKAL D. Supply chain management – pathways for
research and practice[M]. Intech, 2011.

[182] 宋志刚 , 赵启兰 . 物流服务供应链的研究 : 从供应到需求的视角转变 [J].
商业经济与管理 , 2015(3): 14–22.

[183] JOHNSTON W J, LEACH M P, LIU A H. Theory testing using case studies in
business–to–business research[J]. Industrial marketing management, 1999,
28(3): 201–213.

[184] YAN A, GRAY B. Bargaining power, management control, and performance in
United States – China Joint ventures: a comparative case study[J]. Academy of
management journal, 1994, 37(6): 1478–1517.

[185] 刘雪锋 . 网络嵌入性与差异化战略及企业绩效关系研究 [M]. 杭州 : 浙江
大学 , 2007.

[186] 许冠南 . 关系嵌入性对技术创新绩效的影响研究 : 基于探索型学习的中
介机制 [D]. 杭州 : 浙江大学 , 2008.

[187] 范志刚 . 基于企业网络的战略柔性与企业创新绩效提升机制研究 [M]. 北
京 : 经济科学出版社 , 2013.

[188] 高志军 , 刘伟 , 高洁 . 服务主导逻辑下物流服务供应链的价值共创机理 [J].
中国流通经济 , 2014(11): 71–77.

[189] PALMER A, KOENIG - LEWIS N. An experiential, social network-based approach to direct marketing[J]. Direct marketing an international journal, 2009, 3(3): 162–176.

[190] SHANE S, CABLE D. Network ties, reputation, and the financing of new ventures[J]. Management science, 2002, 48(3): 364–381.

[191] GNYAWALI D R, PARK B J. Co-opetition and technological innovation in small and medium-sized enterprises: a multilevel conceptual model[J]. Journal of small business management, 2009, 47(3): 308–330.

[192] STUART T E. Interorganizational alliances and the performance of firms: a study of growth and innovation rates in a high - technology industry[J]. Strategic management journal, 2000, 21(8): 791–811.

[193] KIM J W, KIM E J. An empirical study on the impacts of partnership between SCM implementing enterprises on business performance[J]. International academy of business and economics, 2009, 9(2): 1–20.

[194] MATLAY H. Accumulated knowledge and innovation as antecedents of reputation in new ventures[J]. Journal of small business and enterprise development, 2016, 23(2): 428–452.

[195] LI G. Analysis of driving force on reputation network of innovational industrial cluster knowledge transmitting[J]. Advanced materials research, 2013, 823: 589–593.

[196] 魏江, 勾丽. 基于动态网络关系组合的集群企业成长研究: 以正泰集团为例 [J]. 经济地理, 2009, 29(5): 787–793.

[197] 罗力. 信任和关系承诺对第三方物流整合与绩效的影响 [D]. 广州: 华南理工大学, 2010.

[198] VIEIRA J G V, YOSHIZAKI H T Y, HO L L. The collaborative logistic study between cpg industry and retail market[J]. Gesto & Produo, 2009, 16(4): 556–

570.

[199] LANDSPERGER J, SPIETH P, HEIDENGEICH S. How network managers contribute to innovation network performance[J]. International journal of innovation management, 2012, 16(6): 1–21.

[200] ROBERTS P W, DOWLING G R. Corporate reputation and sustained superior financial performance[J]. Academy of management proceedings & membership directory, 2000, 23(12): 1077–1093.

[201] SHAW E, LAM W, CARTER S. The role of entrepreneurial capital in building service reputation[J]. Service industries journal, 2007, 28(7): 899–917.

[202] JAYACHANDRAN S, SHARMA S, KAUFMAN P, et al. The role of relational information processes and technology use in customer relationship management[J]. Journal of marketing, 2010, 69(4): 73–82.

[203] DAVIDSSON P, WIKLUND J. Conceptual and empirical challenges in the study of firm growth[M]. In sexton D & landstrom H (Eds.). The Blackweu handbook of entre–preneurship. Oxford, UK. Blackweu publ: shing, 2000, 26–44.

[204] 吴俊杰, 戴勇. 企业家社会网络、组织能力与集群企业成长绩效[J]. 管理学报, 2013, 10(4): 516–523.

[205] KOGUT B. The network as knowledge: generative rules and the emergence of structure[J]. Strategic management journal, 2000, 21(3): 405–425.

[206] ZAHEER A, BELL G G. Benefiting from network position: firm capabilities, structural holes, and performance[J]. Strategic management journal, 2005, 26(9): 809–825.

[207] YLI–RENKO H, AUTIO E, SAPIENZA H J. Social capital, knowledge acquisition, and knowledge exploitation in young technology–based firms[J]. Strategic management journal, 2001, 22(6–7): 587–613.

[208] ZOLLO M, WINTER S G. Deliberate learning and the evolution of dynamic

capabilities[J]. Organization science, 2002, 13(3): 339–351.

[209] ROTHAERMEL F T, HESS A M. Building dynamic capabilities: innovation driven by individual, firm, and network level effects[J]. Organization science, 2007, 18(6): 898–921.

[210] 曹红军, 张燕红. 企业动态能力形成机制的理论模型 : 基于 TMT 管理协作和社会网络协同影响的视角 [J]. 郑州航空工业管理学院学报 , 2012, 30(6): 101–108.

[211] 任胜钢. 企业网络能力结构的测评及其对企业创新绩效的影响机制研究 [J]. 南开管理评论 , 2010, 13(1): 69–80.

[212] 邓建高, 朱兰亭, 王敏, 等. 物流产业网络嵌入与创新绩效 : 基于吸收能力的实证分析 [J]. 物流技术 , 2015(10): 68–71.

[213] 曾伏娥, 严萍. "新竞争" 环境下企业关系能力的决定与影响 : 组织间合作战略视角 [J]. 中国工业经济 , 2010(11): 87–97.

[214] 郑向杰. 合作网络 "小世界性" 对企业创新能力的影响 : 基于中国汽车行业企业间联盟网络的实证分析 [J]. 科技进步与对策 , 2014(13): 40–44.

[215] 王方, 党兴华. 合作经验、网络能力与企业创新绩效的关系研究 : 基于中国 IT 企业的实证检验 [J]. 科技管理研究 , 2013, 33(24): 176–180.

[216] 刘长石. 产业集群中物流一体化与运输协作研究 [D]. 长沙 : 湖南大学 , 2009.

[217] 马鸿佳. 创业环境、资源整合能力与过程对新创企业绩效的影响研究 [D]. 长春 : 吉林大学 , 2008.

[218] 潘峰. 信息化背景下物流网络资源动态整合模式及流程研究 [D]. 北京 : 北京交通大学 , 2015.

[219] 陈学光. 网络能力、创新网络及创新绩效关系研究 [D]. 杭州 : 浙江大学 , 2007.

[220] 朱秀梅, 陈琛, 蔡莉. 网络能力、资源获取与新企业绩效关系实证研究 [J].

管理科学学报 , 2010, 13(4):44–56.

[221] RITTER T, JOHNSTON W J, WILKINSON I F. Measuring network competence: some international evidence[J]. Journal of business & industrial marketing, 2002, 17(2/3): 119–138.

[222] RITTER T, GEMÜNDEN H G. Interorganizational relationships and networks: an overview[J]. Journal of business research, 2003, 56(9): 691–697.

[223] 赵爽 , 肖洪钧 . 基于网络能力的企业绩效提升路径研究 [J]. 科技进步与对策 , 2010, 27(6): 71–75.

[224] 宋晶 , 孙永磊 . 合作创新网络能力的形成机理研究 : 影响因素探索和实证分析 [J]. 管理评论 , 2016, 28(3): 67–75.

[225] 牛志飞 . 知识资本、物流能力与成长绩效关系研究 [D]. 杭州 : 浙江工商大学 , 2011.

[226] 王坤 , 骆温平 . 开放式创新下跨组织协作对物流企业服务创新能力的影响 : 于制造企业参与的视角 [J]. 中国流通经济 , 2015(4): 50–56.

[227] 黄芳俪 . 创业投资对风险企业创新能力的影响 : 创投网络、声誉及所有权属性的调节作用 [D]. 杭州 : 浙江大学 , 2015.

[228] 夏汉武 . 基于社会网络视角的企业集群核心能力形成机制研究 [D]. 重庆 : 重庆大学 , 2010.

[229] 曲怡颖 , 甄杰 , 任浩 . 创新集群内企业声誉对创新能力及创新绩效的作用 [J]. 软科学 , 2012, 26(1): 11–15.

[230] 王启亮 , 虞红霞 . 协同创新中组织声誉与组织间知识分享 : 环境动态性的调节作用研究 [J]. 科学学研究 , 2016, 34(3): 425–432.

[231] ROIJAKKERS N, HAGEDOORN J. Inter-firm R&D partnering in pharmaceutical biotechnology since 1975: trends, patterns, and networks[J]. Research policy, 2006, 35(3): 431–446.

[232] MOLLER K K, HALINEN A. Business relationships and networks: managing the

movements of truth in service competition[J]. Industrial marketing management, 1999, 28(5): 413–427.

[233] 舒彤, 刘纯霞. 供应链伙伴关系、物流能力及合作绩效 [J]. 价格理论与实践, 2010(12): 76–77.

[234] 赵永楷. 供应链物流能力对企业绩效的影响研究 [J]. 物流技术, 2015, 34(10): 203–205.

[235] 杨凌爱. 第三方物流企业物流能力对企业绩效的影响研究 [D]. 济南 : 山东大学, 2014.

[236] 简兆权, 柳仪. 关系嵌入性、网络能力与服务创新绩效关系的实证研究 [J]. 软科学, 2015, 29(5): 1–5.

[237] GRANT R M. The resource–based theory of competitive advantage[J]. California management review, 1991, 33(3): 3–23.

[238] AMIT R, SCHOEMAKER P J H. Strategic asset and organizational rent[J]. Strategic management journal, 1993, 14(1): 33–46.

[239] RUSSO M V, FOUTS P A. A resource–based perspective on corporate environmental performance and profitability[J]. Academy of management journal, 1948, 40(40): 534–559.

[240] 温忠麟, 叶宝娟. 中介效应分析 : 方法和模型发展 [J]. 心理科学进展, 2014, 22(5): 731–745.

[241] 邱兵. 企业网络和企业绩效 : 基于吸收能力和战略导向的研究 [D]. 广州 : 中山大学, 2011.

附录A

LSSC子网络对LSI成长的作用机制研究访谈提纲

【访谈目的】

了解LSI构建各类型LSSC子网络情况,反映企业网络定位、网络构建、关系管理和资源整合方面能力的情况和企业绩效发展状况。

说明:访谈材料只涉及学术研究,不为其他商业目的,对公司所有资料绝对保密。

【访谈内容】

本次访谈的内容包括四个部分的内容,一是企业的基本情况,二是企业的LSSC网络发展情况,三是企业网络能力情况,四是企业的成长情况。

一、企业的基本情况

1.请问贵公司的主营业务是什么,主要客户有哪些?

2. 贵公司的物流网络组建和分布情况如何？

3. 贵公司创建以来，发展态势和主要发展阶段是怎样的？

二、企业的 LSSC 网络发展情况

1. 请简要介绍一下公司与合作伙伴合作的内容有哪些，企业通过同一关系获得的资源是否重叠？

2. 请简要介绍企业高层与合作伙伴的关系如何，持续时间有多久，对企业成长有何影响。

3. 请简要介绍物流企业间协作关系对企业的影响。

4. 请简要介绍本企业市场信息网络发展情况以及对企业的影响。

5. 请简要介绍本企业有哪些形式的物流创新活动，以及是如何实现的。

6. 企业在行业内合作伙伴有哪些？如何提高企业的声誉？

7. 请在社会关系网络、物流协作网络、市场信息网络、物流创新网络和声誉网络中选出你认为最基础、对其他网络影响最大的网络，请给出理由。

三、企业网络能力情况

1. 贵公司如何寻找合作伙伴？贵公司具备哪些能力进行合作？贵公司对未来企业网络化发展的定位是什么？

2. 贵公司如何开发和发展 LSSC 网络？通过网络可以学习到什么？如何管理控制外部网络？

3. 对于一对一的合作伙伴的关系，企业采取哪些措施进行交流、优化和协调？

4. 公司如何对外部网络资源进行整合？

四、企业的成长情况

1. 就贵企业目前的状况，您认为公司的主要优势体现在哪些方面？

2. 与同行企业相比，贵公司的销售额、利润、市场份额、员工人数及员工专业化增长率如何？

附录B

"物流服务供应链子网络对物流企业成长的影响"调查问卷

尊敬的物流企业界朋友：

您好！本问卷是一项纯学术研究活动，旨在考察物流服务供应链各类关系网络对核心企业成长的影响。答案没有对与错，请选择最接近您看法的选项进行勾选。您的回答对本研究至关重要，若问卷填写不完整会使您的问卷无效，请不要遗漏任何一题。本问卷所获信息不会用于任何商业目的，相关资料我们将严格保密，否则，我们愿意承担由此发生的全部责任。

感谢您的鼎力支持！

第一部分　企业和个人基本情况部分

（请在选择的"○"内打"√"或在横线上填写。）

1. 企业所属省 / 市 / 县（区）：_____

企业名称：_____ [填空题][必答题]

2. 您的职位：[单选题][必答题]

○高层管理者　○中层管理者　○基层管理者　○一般员工

3. 企业性质：[单选题][必答题]

○国企　○民企　○集体　○三资　○外商独资　○其他

4. 企业规模：[单选题][必答题]

○ 20 人及以下　○ 21~50 人　○ 51~200 人

○ 201~500 人　○ 501 人及以上

5. 资产总额：[单选题][必答题]

○ 1000 万元以下　　　　　　○ 1000 万 ~ < 3000 万元

○ 3000 万 ~ < 1.5 亿元　　　○ 1.5 亿 ~ < 3 亿元

○ 3 亿元及以上

6. 贵公司的主营业务是：[多选题][必答题]

○运输　○装卸　○流通加工　○包装　○货运代理服务

○仓储　○配送　○物流信息技术　○物流咨询、设计

○物流金融　○物流地产　○供应链一体化服务　○综合服务物流企业

7. 贵公司涉足物流业的时间有：[单选题][必答题]

○少于 2 年　　　　○ 2~5 年　　　　○ 6~10 年

○ 11~20 年　　　　○ 20 年以上

8. 贵公司物流业务辐射范围：[单选题][必答题]

○本市　○本省　○本省及周边省　○全国　○跨国

第 二 部 分 　 企 业 成 长 绩 效

（请在选择的"○"内打"√"）

同企业竞争对手或与产业内平均水平相比，您认为：[矩阵量表题] [必答题]

企业成长绩效	非常低	较低	一般	较高	非常高
（1）企业近三年平均销售收入增长率	○	○	○	○	○
（2）企业近五年平均雇员增长率	○	○	○	○	○
（3）企业近三年平均净利润增长率	○	○	○	○	○

第三部分　企业通过物流服务供应链网络获取资源的能力

（请在选择的"○"内打"√"）[矩阵量表题] [必答题]

企业网络愿景能力评价	很不同意	不同意	一般	同意	很同意
（1）公司在市场上建立了"优先合作伙伴"的声誉	○	○	○	○	○
（2）公司了解自身拥有的某些资源是其他企业所需要的	○	○	○	○	○

企业网络构建能力评价	很不同意	不同意	一般	同意	很同意
（3）公司积极接触拥有关系资源的潜在合作者	○	○	○	○	○
（4）公司通过合作获得更多新的合作伙伴	○	○	○	○	○
（5）公司常为对外交流人员的工作进行指导和协调	○	○	○	○	○
（6）公司经常评估与合作伙伴合作的实际效果	○	○	○	○	○

企业关系管理能力评价	很不同意	不同意	一般	同意	很同意
（7）公司经常和合作伙伴讨论合作关系的进展	○	○	○	○	○
（8）公司根据经验持续性地深化和改善与合作伙伴的关系	○	○	○	○	○

企业关系组合能力评价	很不同意	不同意	一般	同意	很同意
（9）公司善于在不同的合作关系活动中合理分配企业的资源	○	○	○	○	○
（10）公司善于有效整合多元合作伙伴的技术或其他资源	○	○	○	○	○

第四部分　物流服务供应链各类型子网络的测量

（请在选择的"〇"内打"√"）[矩阵量表题] [必答题]

有关企业社会关系网络的评价	很不同意	不同意	一般	同意	很同意
（1）企业家与其他企业及非企业组织（政府、金融机构、科研院所等）相关负责人的非正式交流非常频繁	〇	〇	〇	〇	〇
（2）企业家与其他企业及非企业组织（政府、金融机构、科研院所等）相关负责人交往了 3 年以上	〇	〇	〇	〇	〇
（3）企业家与其他企业及非企业组织（政府、金融机构、科研院所等）相关负责人的社会关系非常紧密	〇	〇	〇	〇	〇
（4）企业家相信其他企业、政府、金融机构、科研院所相关负责人能够履行诺言	〇	〇	〇	〇	〇
（5）遇到困难时，企业家与其他企业、政府、金融机构、科研院所相关负责人相互帮助	〇	〇	〇	〇	〇

有关企业物流协作关系网络的评价	很不同意	不同意	一般	同意	很同意
（6）企业力图做强、做精自己的专长	○	○	○	○	○
（7）企业专注于自己的专长，并与不同专长的企业合作	○	○	○	○	○
（8）本企业应对来自市场的突发事件的能力非常强	○	○	○	○	○
（9）企业可以根据竞争对手的情况灵活应变	○	○	○	○	○
（10）企业会根据市场环境的变化及时调整产品或服务功能	○	○	○	○	○

有关企业市场信息网络的评价	很不同意	不同意	一般	同意	很同意
（11）本企业比同等规模的企业有更多有业务联系的客户和分包商	○	○	○	○	○
（12）本企业比同等规模的企业有更多物流功能互补或竞争企业	○	○	○	○	○
（13）能够为本企业提供市场信息、介绍新客户、进入新市场的企业数量很多	○	○	○	○	○
（14）本企业的物流服务或产品的质量受到客户、分包商的好评	○	○	○	○	○
（15）本企业能够为分包商、客户提供及时的技术支持	○	○	○	○	○
（16）企业与客户或分包商之间具有良好的关系	○	○	○	○	○

有关企业物流创新网络的评价	很不同意	不同意	一般	同意	很同意
（17）其他企业的一项新技术或物流服务创新项目能够很快被本企业获知并熟悉	○	○	○	○	○
（18）其他企业能够很快指导并熟悉本企业的某项新发明或物流服务创新项目	○	○	○	○	○
（19）客户、分包商会主动与企业就物流服务的相关问题进行沟通，给出具体意见	○	○	○	○	○
（20）许多物流服务完善的意见来自客户	○	○	○	○	○
（21）企业容易从科研院所获得物流新知识、新技术	○	○	○	○	○

有关企业声誉网络的评价	很不同意	不同意	一般	同意	很同意
（22）企业享有良好的声誉，愿意与企业合作的伙伴很多	○	○	○	○	○
（23）目前企业的合作者是因为企业声誉良好才与企业合作的	○	○	○	○	○
（24）与其他企业比，企业声誉得到了更多同行、客户的认可	○	○	○	○	○
（25）本企业在与合作伙伴的业务交往中能够遵守、履行合同	○	○	○	○	○
（26）如果企业有新的合作业务，首先会考虑现有的合作伙伴	○	○	○	○	○
（27）交往中发生摩擦时，企业首先考虑的是双方的利益	○	○	○	○	○
（28）企业坚持双方的长期关系比眼前利益更重要	○	○	○	○	○

您已完成问卷，非常感谢您的合作！